초급에서 중급으로 도약하기 위한 필수 관문!

세컨드 스텝

2nd STEP

石川惠子　山本忠行　鈴井宣行　山岡政紀

시사일본어사

이 책을 사용하시는 분들께

이 책은 일본 白帝社 발행 『2nd STEP』의 한국판입니다. 사용하시기에 앞서 다음의 대용을 반드시 읽어 보시고 참고해주시기 바랍니다.

이 책의 목적

이 책은 일본어 초급을 배우고 있거나 초급을 끝낸 학습자들을 대상으로, 다음 단계인 중급의 독해 중심 학습에 자연스럽게 들어갈 수 있도록 개발한 독해 교재입니다.

초급 교과서의 대부분이 회화체로 구성되어 있고, 구두에 의한 연습을 중심으로 하기 때문에 학습자들이 읽는 것에 익숙하지 않고, 한자력이나 어휘력이 부족하여 중급단계에서 어려워 하는 경우를 많이 볼 수 있습니다.

그래서 이 책에서는 회화에서 접하기 힘든 과제나 어휘를 도입하여 초급에서 배운 문형을 이용한 짧은 독해문들을 만들었습니다. 순서에 따라 문형을 제시했으므로 초급의 비교적 빠른 단계에서부터 독해력 향상을 위한 부교재로, 혹은 초급이 끝난 후 중급으로 들어가기 전의 관문, 중급에 도약하기 위한 교재로 이용할 수 있습니다.

이 책의 구성

각 과는 각각 「本文、新しい語句、ポイント、質問に答えましょう」로 구성되어 있고 , 5과마다 チャレンジ(Challenge)라는 종합 복습 교재가 실려 있습니다.

本文은 600자 정도의 길이로, 일상생활에서부터 사회나 문화 등 여러 분야에 걸쳐 학습자가 흥미를 가질 수 있는 내용으로 구성되어 있습니다. 본문의 한자 중 초급 수준에서 습득했다고 생각되는 어휘에는 후리가나를 달지 않았습니다.

新しい語句는 국제 교류기금 발행 「일본어 초급」의 10과까지 나온 것은 이미 배운 어구로 하고 그 이외의 것을 새로운 어구로 채택하였습니다. 외국어에는 원어를 붙였으며, 본문의 이해를 돕기 위하여 칼럼이나 도표 등을 넣은 곳도 있습니다.

ポイント에서는 그 과에서 다루고 있는 문형 및 문법사항을 제시하고 있습니다.

質問に答えましょう는 본문의 내용에 대한 이해를 묻는 문제와 본문 중의 문형이나 문법 사항을 묻는 연습문제를 중심으로 구성되어 있습니다.

チャレンジ(Challenge)는 1st Step에서 4th Step까지로 되어 있습니다. 1st Step에서 3rd Step까지는 5과 분의 종합 복습 문제 코너이고, 4th Step은 응용 개발 문제를 중심으로 한 중급 대비 코너입니다.

이 교재를 마친 후에는 중급의 높은 수준이나 고급 독해 코스로, 또는 회화 코스로 학습자들의 필요에 따라 다음 단계를 정할 수 있습니다.

차 례

新宿

新宿

　きのうは日曜日でした。天気もよかったです。わたしは新宿へ映画を見に行きました。先週、電話でチンさんと日曜日に映画を見る約束をしました。新宿駅の東口にある大きい書店の前で、チンさんと会いました。中野にいるチンさんは中央線で新宿まで10分ぐらいですが、わたしはバスで調布まで行って、調布で京王線に乗り換えます。新宿まで40分ぐらいかかります。

　新宿の歌舞伎町には映画館がたくさんあります。わたしたちの見た香港映画はおもしろくて、楽しい映画でした。新宿には食べるところやお酒を飲むところや遊ぶところなどがいろいろあります。日曜日には新宿へ来る人がおおぜいいます。それで、新宿駅の東口の近くでは車が通るところも、歩行者天国＊になります。

　西口には高層ビルがたくさんあります。大きいホテルもあります。今、一番高いビルは東京都庁です。また、西口からは成田空港へ行くバスも出ます。京王線や小田急線の駅も西口にあります。

　わたしたちは高層ビルのレストランで食事をして、帰りました。

＊　土曜日の午後や日曜日の昼間、
　　大きい駅のそばは車が通りません。
　　これを歩行者天国といいます。

新しい語句

☐ 日曜日（にち・よう・び）➡ 表1
☐ 映画（えい・が）
　〜館（かん）図書館（と・しょ・かん）
☐ 先週（せん・しゅう）➡ 表1
☐ 電話（でん・わ）
☐ 約束（やく・そく）
☐ 駅（えき）
☐ 書店（しょ・てん）
☐ 東口（ひがし・ぐち）↔ 西口（にし・ぐち）
　〜口　出口（で・ぐち）
　　　　入口（いり・ぐち）
☐ 会う（あう）
☐ 乗り換える（のりかえる）
☐ かかる
☐ 楽しい（たのしい）
☐ お酒（おさけ）
☐ 飲む（のむ）

☐ 遊ぶ（あそぶ）
☐ 近く（ちかく）　[近いところ]
　　　　　↔ 遠く（とおく）
☐ 車（くるま）
☐ 通る（とおる）
☐ 歩行者天国（ほ・こう・しゃ・てん・ごく）
　〜者　技術者（ぎ・じゅつ・しゃ）
　　　　研究者（けん・きゅう・しゃ）
☐ 高層（こう・そう）
☐ ビル　building
☐ 一番（いち・ばん）➡ Lesson 11
☐ 高い（たかい）↔ 低い（ひくい）
☐ 空港（くう・こう）
☐ 食事（しょく・じ）
☐ 帰る（かえる）
☐ レストラン　restaurant

● 場所の名前など

☐ 新宿（しん・じゅく）
☐ 中野（なか・の）
☐ 中央線（ちゅう・おう・せん）
☐ 調布（ちょう・ふ）
☐ 京王線（けい・おう・せん）

☐ 歌舞伎町（か・ぶ・き・ちょう）
☐ 香港（ホン・コン）
☐ 都庁（と・ちょう）
☐ 成田（なり・た）

☆ 新宿と電車の地図

01 동사문의 명사 수식구

접속 동사의 보통형 + 명사

◆ わたしたちは映画を見ました。映画はおもしろかったです。
　　↓
　　⇨ [わたしたちの見た] 映画はおもしろかったです。

◆ これはバスです。バスは成田空港へ行きます。
　　↓
　　⇨ これは [成田空港へ行く] バスです。

02 〜で　a. ~에서　b. ~(으)로

접속 명사 + で

a. ◆ レストランで食事をします。
　◆ 図書館で本を読みます。
　◆ 家でお酒を飲みます。

b. ◆ バスで学校へ行きます。
　◆ はさみで紙を切ります。
　◆ はしでご飯を食べます。

03 〜へ 〜を 〜に　~에(으로) ~을 ~하러

접속 장소를 나타내는 명사 + へ, 명사 + を, 동사 ます형 + に

◆ 新宿へ行きます。映画を見ます。
　⇨ 新宿へ映画を見に行きます。
◆ レストランへ行きます。ステーキを食べます。
　⇨ レストランへステーキを食べに行きます。

～と ~와(과)

접속 명사 ＋ と

- ◆ チンさんと約束をしました。
- ◆ チンさんと新宿で会いました。
  cf. チンさんと（いっしょに）新宿へ行きました。
- ◆ 日本語の授業は土曜日と日曜日は休みです。
- ◆ 私と妹は仲がいいです。
- ◆ 昨日、高校の時の友だちといっしょにお酒を飲みました。

～を ／ ～に ~을・~에서 / ~으로・~을

접속 명사(출발점) ＋ を・から ＋ 降りる・出る，　명사(도착점) ＋ に ＋ 乗る・入る

- ◆ 電車を降ります。
- ◆ バスに乗ります。
- ◆ 部屋を出ます。
- ◆ 部屋に入ります。
- ◆ 上野でバスを降ります。
- ◆ 渋谷でJRに乗ります。

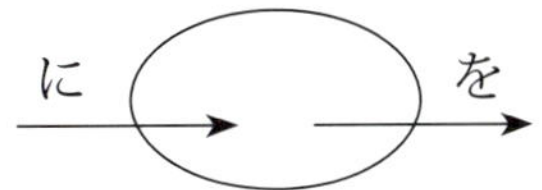

～は ～が、～は ~는 ~지만/~(ㄴ)데, ~는

접속 보통형・정중형 ＋ が

- ◆ この店は高いですが、あの店は安いです。
- ◆ ビールは飲みますが、ウイスキーは飲みません。
- ◆ スキーは上手ですが、テニスは下手です。

それで　그래서

접속 문장 + それで + 문장

◆ 友だちが日本へ来ました。それで、空港へ行きました。

◆ コーヒーがありませんでした。それで、スーパーへ買いに行きました。

◆ 仕事が忙しかったです。それで、空港へ行けませんでした。

01 左のことばのせつめいで、てきとうなものを線でむすびなさい。

例 空港	・	・ 電車に乗るところ
(1) 先週	・	・ 映画を見るところ
(2) 駅	・	・ 飛行機に乗るところ
(3) 映画館	・	・ 遠いところにいる人と話すもの
(4) レストラン	・	・ 前の週
(5) 電話	・	・ 食べるところ

（飛行機＝ひこうき）

02 本文を読んで、約束のただしいメモをえらびなさい。

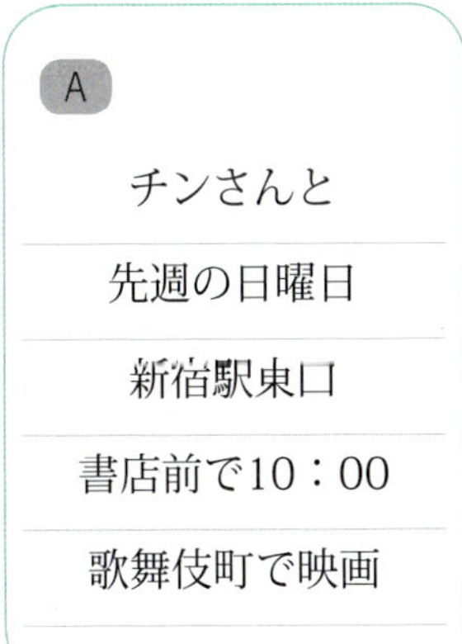

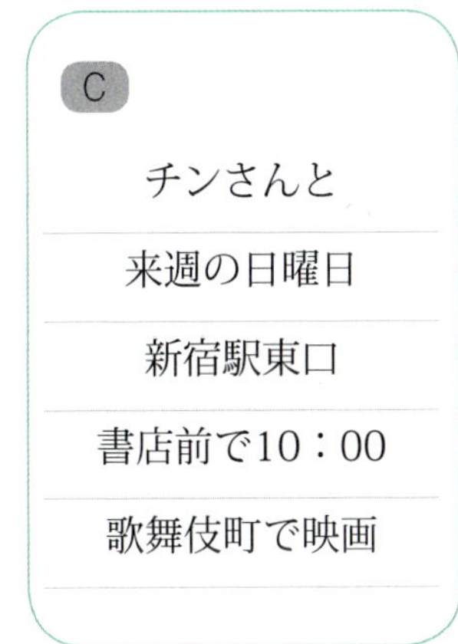

03 本文とおなじないようのものに〇、ちがうものに×をつけなさい。

(1) （　　　） 先週の日曜日にチンさんと映画を見に行きました。

(2) （　　　） 中野から新宿までは10分ぐらいかかります。

(3) （　　　） 新宿駅の近くにある店の名前は歩行者天国です。

(4) （　　　） 成田空港へ行くバスは西口から出ます。

04 二つの文を一つにしなさい。

例 電車に乗りました。帰りました。⇨ 電車に乗って、帰りました。

(1) うちへ帰りました。ご飯を食べました。

⇨ ____。

(2) これはかばんです。きのう、買いました。

⇨ ____。

(3) 新宿で買い物をします。新宿へ行きます。

⇨ ____。

05 ______にてきとうなひらがなを入れなさい。

(1) 映画館___出て、バス___乗って、駅___ ___行きました。

(2) 友だち___新宿___映画___見に行く約束をしました。

工場見学

工場見学

　先週の火曜日に、東京の近郊にある半導体の工場の見学に行きました。半導体は、コンピューターの記憶装置などに使う先端技術の一つです。自分の目で日本のエレクトロニクス技術を見るいい機会です。それで、見学に行く前に半導体の本を読んだり、資料を集めたりしました。

　当日は、まず工場の会議室で、工場紹介のビデオを見ました。それから工場見学です。工場の中に入る前に、係の人はわたしたちに、「工場の中では、見学路を歩いてください。機械や製品にさわらないでください。」と言いました。

　わたしたちは三つのグループに分かれて、工場の人の説明を聞きながら、半導体の製造工程を見学しました。どれも非常に細かい仕事です。ここではコンピューターと産業ロボットがほとんどの仕事をします。

　この工場の人たちは、みな技術者で、コンピューターの管理や新しい製造工程の開発の仕事をします。8時半に工場へ来て5時まで働きます。仕事が終わったあとで、技術の専門書を読む人もいます。また、朝早く工場へ来て、外国からの資料を見てから、仕事を始める人もいます。日本の先端技術を支える人たちは、とても仕事熱心です。

☐ 近郊（きん・こう）≒ 郊外（こう・がい）

☐ 半導体（はん・どう・たい）semiconductor

☐ 工場（こう・じょう）

☐ 見学（けん・がく）

☐ コンピューター computer

☐ 記憶装置（き・おく・そう・ち）

☐ 先端（せん・たん）

☐ 技術（ぎ・じゅつ）

☐ エレクトロニクス electronics

☐ 機会（き・かい）

☐ 資料（し・りょう）

☐ 集める（あつめる）

☐ 当日（とう・じつ）

☐ まず ≒ はじめに

☐ 会議室（かい・ぎ・しつ）[会議をする部屋]
　　　〜室　　教室（きょう・しつ）
　　　　　　図書室（と・しょ・しつ）

☐ 紹介（しょう・かい）

☐ ビデオ video

☐ 係（かかり）

☐ 見学路（けん・がく・ろ）[見学者の通路]
　　　〜路　　道路（どう・ろ）
　　　　　　通路（つう・ろ）

☐ 機械（き・かい）

☐ 製品（せい・ひん）

☐ さわる

☐ 分かれる（わかれる）

☐ グループ group

☐ 説明（せつ・めい）

☐ 製造（せい・ぞう）

☐ 工程（こう・てい）

☐ どれも ≒ みな

☐ 非常に（ひ・じょうに）≒ とても

☐ 細かい（こまかい）cf. 細い（ほそい）

☐ 仕事（し・ごと）

☐ 産業（さん・ぎょう）

☐ ロボット robot

☐ ほとんど ≒ だいたい

☐ みな ＞ みんな ⇨ ＊

☐ 管理（かん・り）

☐ 開発（かい・はつ）

☐ あとで

☐ 働く（はたらく）

☐ 終わる（おわる）↔ 始まる（はじまる）

☐ 支える（ささえる）

☐ 熱心な（ねっ・しんな）

＊「みなさん」と「みな」（「みな」は話す時には「みんな」となる）

→「みなさん」はほかの人たちによびかける時に使う。

例 ◆ この工場の人たちはみな技術者です。

　　◆ みなさん、お早うございます。

01 ～前に　~(하)기 전에

접속 名詞の・動詞の 辞典形 + 前に

◆ 食事をする前に、手を洗います。
◆ 工場を見学する前に、いろいろな資料を集めました。
◆ 食事の前に、ジョギングに行きます。
◆ 食事する前に、ジョギングに行きます。

02 ～てから　~(하)고 나서

접속 動詞の て形 + から

◆ 食事をしてから、テレビを見ました。
◆ 資料をよく見てから、質問してください。
◆ 映画を見てから、食事に行きませんか。
◆ 工場紹介のビデオを見ました。それから、工場を見学しました。

03 ～あとで　~은(ㄴ) 후에, ~은(ㄴ) 뒤에

접속 名詞の・動詞 た形 + あとで

◆ 仕事が終わったあとで、技術の専門書を読みます。
◆ テープを聞いたあとで、会話の練習をします。
◆ 仕事が終わったあとで、友だちに会います。
　　＝ 仕事のあとで、友だちに会います。

04 ～たり ～たりする　~기도 하고 ~기도 하다, ~거나 ~거나 하다

접속 동사의 た형 + り ～ 동사의 た형 + りする

- 日曜日には本を読んだり、テレビを見たりします。
- 見学に行く前に本を読んだり、資料を集めたりしました。
- プールで泳いだり、旅行に行ったりします。
- 泣いたり笑ったりします。

05 ～ながら　~(하)면서

접속 동사의 ます형 + ながら

- 食事をしながら、テレビを見ます。
- 工場の人の説明を聞きながら、工場の中を見学しました。
- コーヒーを飲みながら、友だちと話します。

06 ～てください / ～ないでください　~(해) 주세요 / ~(하)지 마세요

접속 동사의 て형 + ～ください / 동사의 ない형 + ～ないでください

- 起きてください。/ 読んでください。
- 辞書を見ないでください。/ 機械にさわらないでくだい。
- ちょっと待ってください。
- 窓を開けないでください。

07 い형용사의 부사화

접속 い형용사의 어간 + く

- 朝早く起きて、学校へ行きます。（早い ⇨ 早く）

◆ 先生の話をよく聞いて、会話の練習をします。（よい/いい ⇨ よく）

◆ あのコート、高く見えますね。

08 　〜を　~을, ~(으)로

접속 명사(통과점) + を + 이동・통과를 나타내는 동사

◆ 道の右側を歩いてください。工場の中では、見学路を歩きます。

◆ このバスは中野を通って、新宿へ行きます。

◆ まっすぐ行って角を曲がってください。

09 　〜に使う　~에(하는 데) 사용하다

접속 명사 + に使う / 동사의 사전형 + のに使う

◆ 半導体はコンピューターの記憶装置に使います。

◆ ほうきは掃除に使います。

◆ 醤油は料理に使います。

　＝醤油は料理するのに使います。

10 　〜と言う　~라고 말하다(하다)

접속 문장 + と言う

◆ 「工場の中では、見学路を歩いて下さい。」と言いました。

◆ 「コーヒーください。」と言いました。

➡ Lesson 03 01

01 左のことばのいみの説明で、てきとうなものを線でむすびなさい。

(1) 細かい　　　　・　　　　　　・　その日

(2) 機会　　　　　・　　　　　　・　はじめに

(3) 当日　　　　　・　　　　　　・　一つ一つがとても小さい

(4) まず　　　　　・　　　　　　・　だいたい

(5) ほとんど　　　・　　　　　　・　何^{なに}かをするのにちょうどいい時

02 本文を読んで、〔　　　〕からてきとうなことばをえらびなさい。

　〔 先・今・来 〕週、半導体の工場の見学に行きました。〔 あの・その・この 〕日は、〔 それから・それで・まず 〕会議室で工場紹介のビデオを見ました。
　〔 それから・それで・まず 〕工場の見学をしました。工場に〔 行く前に・入る前に・入ってから 〕、係の人が「工場では、機械などには〔 さわって・さわらないで・さわり 〕ください。」と言いました。ここでは、コンピューターと産業ロボットが〔 ぜんぶ・ほとんど・細かい 〕の仕事をします。

03 二つの文を一つにしなさい。

(1) デパートへ行きます。デパートでスーツを買います。

　⇨ ____。

(2) 工場の中で説明を聞きました。その時に見学もしました。[〜ながら]

　⇨ ____。

(3) 顔を洗います。それから新聞を見ます。

　⇨ ____。

(4) 日曜日には、テニスをします。テレビも見ます。[〜たり]

⇨ ____。

04 （⬚）からことばをえらび、てきとうな形にして________に書きなさい。

(1) 朝______学校に______、クラスが______前に、図書館で勉強______人がいます。

(2) もっとゆっくり______ください。本は______ないでください。

> 話す　　始まる　　する　　見る　　来る　　早い

日本の方言

日本の方言

　わたしたちが学校で使う教科書の日本語は共通語といいます。しかし、それぞれの地方で使う言葉は教科書と同じではありません。これを方言といいます。例えば、大阪や京都では「ありがとうございます」と言う時に、「おおきに」と言います。東北地方では夜、人と会った時には「おばんです」とあいさつをします。

　東京にも方言があります。発音では「ヒ」が「シ」になり、「シュ、ジュ」が「シ、ジ」になります。「日比谷」を「シビヤ」、「宿題」を「シクダイ」と言う人がいます。また、「かたづける」を「かたす」と言う人がいます。

　大阪や京都の言葉のアクセントは東京の言葉のアクセントと違います。東京で「雨」は「アメ」 ですが、京都では「アメ」 になります。また、中には同じ形で、意味の違うのもあります。東京では 「カッテ」は「買って」という意味ですが、京都では「借って」*という意味です。

　昔は、方言を使うのはよくないと言う人がおおぜいいましたが、最近は方言を守り、大切にする人が多くなりました。

*	借りる	買う
東京	かりる・かりない・かりて	かう・かわない・かって
京都	かる　・からへん・かって	かう・かわへん・こうて

新しい語句

- ☐ 方言（ほう・げん）
- ☐ 教科書（きょう・か・しょ）
- ☐ 共通（きょう・つう）
    - 〜語（ご）
- ☐ それぞれ
- ☐ 地方（ち・ほう）
- ☐ 言葉（こと・ば）
- ☐ 同じ（おなじ）
- ☐ 例えば（たとえば）
- ☐ 夜（よる）
- ☐ あいさつ
- ☐ 発音（はつ・おん）

- ☐ 宿題（しゅく・だい）
- ☐ アクセント　accent
- ☐ 形（かたち）
- ☐ 意味（い・み）
- ☐ 違う（ちがう）
- ☐ 借りる（かりる）↔ 貸す（かす）
- ☐ 昔（むかし）
- ☐ 最近（さい・きん）
- ☐ 守る（まもる）
- ☐ 大切な（たい・せつな）
    - ≒ 大事な（だい・じな）

● 場所の名前

- ☐ 大阪（おお・さか）
- ☐ 京都（きょう・と）

- ☐ 東北（とう・ほく）
- ☐ 日比谷（ひ・び・や）

● 方言のアクセント （参考：天沼 寧・他著『日本語音声学』）

あたま(頭) ☐ 東京（とうきょう） アタマ　☐ 京都（きょうと） アタマ　☐ 名古屋（なごや） アタマ
☐ 札幌（さっぽろ） アタマ　☐ 高知（こうち） アタマ

☆ 日本の地図

ポイント

01

～と言う　~라고 말하다(하다)

접속 인용문 + と言う

- 先生に「こんにちは」と言いました。
- 朝のあいさつは「おはようございます」と言います。
- 田中さんはキムさんに「コーヒー、どうぞ」と言いました。
- 課長にすぐに行くと言いました。

02

a. ～を ～という　~을 ~라고 한다
b. ～という ～　~라고 하는(불리는)

접속 a. 명사₁ + を+명사₂ + という　　b. 명사₁ + という + 명사₂

a.
- コンビニエンス・ストア*をコンビニといいます。（＊ convenience store）
- それぞれ地方で使う言葉を方言（ほうげん）といいます。
- 個人用（こじんよう）のコンピュターをパソコンといいます。

b.
- これは何（なん）という食べ物ですか。
- 『こころ』という本を読みました。
- これは『ハムレット』という作品（さくひん）です。
- 田中という人に会いました。

※ 「いう」はひらがなで書きます。

03 ～は ～と同じだ / ～は ～と違う ~는 ~와 같다 / ~는 ~와 다르다

접속 명사₁は 명사₂と同じだ ↔ 명사₁は 명사₂と違う

- あの人の名前は私の名前と同じです。
- 東京の言葉は大阪の言葉と違います。

  cf. あのかばんは、このかばんと同じ色です。（×同じな色）

- これはそれと同じ形です。
- 西洋の文化は東洋の文化と違います。

04

a. ～時 ~(할) 때

b. ～た時 ~(했)을 때

접속 동사의 명사 수식형 + 時

a.
- 大阪へ行く時、地図を買いました。〔大阪に着く前に買いました〕
- 電車に乗る時、お金を落としました。〔電車の外で落としました〕

b.
- 大阪へ行った時、絵はがきを買いました。〔大阪に着いてから買いました〕
- 電車に乗った時、お金を落としました。〔電車の中で落としました〕

05 ～くなる / ～になる ~이 되다/~해지다

접속 명사・な형용사의 어간 + になる / い형용사의 어간 + くなる

- 日本語を勉強する人が多くなりました。
- 早く元気になってください。
- 今年二十歳になりました。
- 部屋がきれいになりました。
- 木の葉が赤くなりました。

の　~것(일)

접속 [い형용사・な형용사・동사]의 명사수식형 + の

- もっと大きい**の**はありませんか。〔もの〕
- 漢字を覚える**の**はたいへんです。〔こと〕
- ペンをください。赤い**の**と青い**の**をください。〔もの〕
- この服は気に入りません。もう少し派手な**の**はありませんか。〔もの〕
- 朝早く起きる**の**はたいへんです。〔こと〕

01 　　からてきとうな言葉をえらび、＿＿＿＿＿＿に入れなさい。

(1) 学校で使う本は＿＿＿＿＿＿＿＿といいます。

(2) うちへ帰って＿＿＿＿＿＿＿＿をします。

(3) ＿＿＿＿＿＿＿＿の家は、昔の家と違います。

(4) これはわたしの＿＿＿＿＿＿＿＿なものです。

(5) 方言はそれぞれの＿＿＿＿＿＿＿＿の人が使う日本語のことです。

> 宿題　　　教科書　　　地方　　　最近　　　大切

02 本文と同じないようのものに○、違うものに×をつけなさい。

(1) （　　　）日本ではどの地方の言葉も同じです。

(2) （　　　）東京の言葉は教科書の言葉と同じです。

(3) （　　　）東京のアクセントと大阪のアクセントは違います。

(4) （　　　）形は同じで、意味が違う方言もあります。

(5) （　　　）方言はわるい言葉ではないと言う人が多くなりました。

03 「いう」を使って質問の文を作りなさい。

> 例 Q：これは 何という 花ですか。
>
> 　A：それはバラという花です。

(1) Q：地方で使う日本語を＿＿＿＿＿＿＿＿＿＿＿＿＿。

　A：地方で使う日本語を方言といいます。

(2) Q：つぎは＿＿＿＿＿＿＿＿＿＿＿＿＿駅ですか。

　A：新大阪駅です。

(3) Q：中国語で「こんにちは」を＿＿＿＿＿＿＿＿＿＿＿＿＿。

A：中国語で「你好（ニイ・ハオ）」といいます。

04 例のように書きなさい。

> **例** building ⇨ ‘building’は日本語で「ビル」といいます。

(1) television ⇨ ＿＿＿＿＿＿＿＿＿＿＿＿＿＿＿＿＿＿＿＿＿＿＿。

(2) shirt ⇨ ＿＿＿＿＿＿＿＿＿＿＿＿＿＿＿＿＿＿＿＿＿＿＿。

(3) restaurant ⇨ ＿＿＿＿＿＿＿＿＿＿＿＿＿＿＿＿＿＿＿＿＿＿＿。

(4) volleyball ⇨ ＿＿＿＿＿＿＿＿＿＿＿＿＿＿＿＿＿＿＿＿＿＿＿。

思い出の人形

思い出の人形

　わたしたち夫婦は、鎌倉に住んでいます。家の近くに海があり、波の音が聞こえます。遠くに富士山も見えます。

　きょうの夕方、娘夫婦と孫たちがひさしぶりに遊びに来ます。それで、いま妻は家の中の掃除をしています。わたしは玄関のげた箱の上に、羽根のついた帽子をかぶった人形を飾りました。

　一週間前に、妻が物置をかたづけていた時、この人形を見つけました。この人形は、昔わたしがイギリスへ出張した時に、買って来たものです。ロンドンのデパートで、この人形を見つけた時、日本にいる娘を思い出しました。大きくて、かわいい目をした人形で、娘によく似ていました。

　小さいころ、娘はこの人形でよく遊んでいました。大きくなってからも、娘がこの人形を自分のそばに置いていたのをわたしはよく知っています。

　娘は結婚する時に、この人形を持って行きませんでした。その後、人形がどこへいったか、わかりませんでした。

　娘が帰って来て、げた箱の上の人形を見た時、どう思うか、わたしにはわかりませんが、夫婦二人で生活しているわたしたちには、大切な思い出の人形です。

新しい語句

- 人形 (にん・ぎょう)
- 夫婦 (ふう・ふ) ≒ 夫妻 (ふ・さい)
- 住む (すむ)
- 波 (なみ)
- 夕方 (ゆう・がた)
- 娘 (むすめ) ↔ 息子 (むす・こ)
- 孫 (まご)
- ひさしぶり
  - 〜ぶり
  - 一週間ぶり (いっ・しゅう・かん・ぶり)
- 妻 (つま) ↔ 夫 (おっと)
- 掃除 (そう・じ)
- 玄関 (げん・かん)
- げた箱 (げたばこ) ＝ くつ入れ
- 羽根 (は・ね)
- 帽子 (ぼう・し)
- かたづける
- 見つける (みつける)
- かぶる
- 飾る (かざる)
- 物置 (もの・おき)
- 出張する (しゅっ・ちょうする)
- デパート　department store
- 思い出 (おもいで) ＜ 思い出す (おもいだす)
- 置く (おく)
- 似る (にる)
- ときどき ＜ よく ＜ いつも
- 知る (しる)
- 結婚する (けっ・こんする)
- 生活する (せい・かつする)

● 場所の名前など

- 鎌倉 (かま・くら)
- 富士山 (ふ・じ・さん)
- イギリス
- ロンドン

01

〜ている ~(하)고 있다 (현재의 진행)

접속 동사의 て형 + いる

◆ 雨が降っています。
◆ 子どもたちは、川で泳いでいます。
◆ 主人はあそこで電話をかけています。

02

a. **〜ている** ~(하)고 있다 (현재의 상태)

b. **〜ている + 명사** ~(하)고 있는
　　동사의 た형 + 명사 ~한

접속 착용 동사의 て형 + いる / 착용 동사의 た형 + 명사

a. ◆ 姉はきれいな帽子をかぶっています。
　◆ 妹はハイヒールをはいています。
　◆ 弟は黄色い水着を着ています。

b. ◆ めがねをかけている人がジョンさんです。
　◆ めがねをかけた人がジョンさんです。
　◆ 赤い靴をはいている人が木村さんです・
　◆ 赤い靴をはいた人が木村さんです。

03

a. **〜ている** ~(하)고 있다 (현재의 상태)

b. **〜に似ている** ~을 닮았다

접속 동사의 て형 + いる

a. ◆ ジョンさんは東京に住んでいます。
　◆ 山本さんはステレオを持っています。

cf. Q：山下さんを知っていますか。

A：｛ はい、知っています。
　　 いいえ、知りません。（×知っていません。）

b. ◆ 妹は母に似ています。

04　〜をしている　~(모양,형태)를 하고 있다

접속 명사 ＋ をしている

◆ 食堂のテーブルは丸い形をしています。

◆ 中村さんは青い顔をしています。

◆ 彼女はきれいな髪をしています。

05　의문사〜か、わかる / わからない　~(인)지 알다 / 모르다

접속 [명사・い형용사의 보통체・な형용사의 어간・동사의 보통체]
　　 ＋ か、わかる / わからない

◆ 山下さんはどこへ行ったか、わかりません。

◆ 中山さんがどう思うか、わかりません。

◆ 明日の会議は何時か、知っていますか。

◆ どうしたらいいか、わかりません。

◆ 木村さんはいつ来るか、わかりません。

➡ Lesson 10 02

〜が見える / 〜が聞こえる ~(이)가 보이다/~(이)가 들리다

접속 **名詞 + が見える／が聞こえる**

◆ まどから富士山が見えます。

◆ となりの家からピアノの音が聞こえます。

◆ 私の家から海が見えます。

◆ どんな音が聞こえますか。

→ Lesson 06 03

07

〜には ~에게는, ~에게 있어서는

접속 **名詞 + には**

◆ この写真はわたしたちには大切な思い出です。

◆ フランス語の発音は日本人には難しいです。

01 左の言葉の説明で、てきとうなものを線でむすびなさい。

(1) 掃除　　　・　　　　　　・　いつもは使わないものを入れるところ

(2) 物置　　　・　　　　　　・　仕事で旅行_{りょこう}すること

(3) 出張　　　・　　　　　　・　建物_{たてもの}の出_で入口_{いりぐち}

(4) 玄関　　　・　　　　　　・　家の中や庭_{にわ}などをきれいにすること

02 本文のないようと同じものに〇、違うものに×をつけなさい。

(1) （　　　） 娘夫婦はよく家に遊びに来ます。

(2) （　　　） ロンドンで買った人形は娘によく似ています。

(3) （　　　） 人形は小さくて、丸い目をしています。

(4) （　　　） わたしと妻は二人で生活しています。

03 本文を読んで、質問に答えなさい。

(1) この人(＝わたし)は玄関のどこに人形を置きましたか。

　　その人形はどんな人形ですか。

(2) この人のおくさん(＝妻)は何をしている時に、人形を見つけましたか。

(3) 人形はこの夫婦にはどんなものですか。

04 二つの文を一つにしなさい。

> 例 わたしは人形を飾りました。人形は帽子をかぶっています。
>
> ⇨ わたしは帽子をかぶった人形を飾りました。

(1) あの人は林さんです。林さんは赤いセーターを着ています。

⇨ あの ____。

(2) あの人は山口さんです。山口さんはめがねをかけています。

⇨ あの ____。

05 〔　　〕から言葉をえらび、てきとうな形にして________に書きなさい。

(1) ビルの5階から人や車が________________。　　〔見る・見える〕

(2) 遠くで工事をしている音が____________。　　〔聞く・聞こえる〕

(3) ジョンさんは部屋で音楽を____________。　　〔聞く・聞こえる〕

(4) 弟は外で遊んでいる友だちを__________。　　〔見る・見える〕

日本間

日本間

　昔、日本へ来た西洋人は、日本の家を見て、木と紙の家だと言いました。伝統的な家はもう少なくなり、最近、都会では西洋風の家が多くなりましたが、そういう家にも畳の部屋はまだ残っています。畳の部屋を和室（日本間）といいます。日本では部屋の広さを畳の数で表します。例えば、畳が6枚しいてある部屋は6畳間といいます。

　伝統的な日本の家は壁ではなく、障子や襖という引き戸で部屋を分けます。襖は絵がかいてある少し厚い紙をはったものです。障子は薄い紙がはってあるもので、外から入ってくる強い光をやわらかくします。日本の部屋は便利です。襖や障子は簡単に外れます。お客が多い時は、襖を外して一つの広い部屋にして使います。

　和室にはたいてい床の間があります。床の間は畳から少し高くなったところで、掛け軸がかけてあったり、生け花が生けてあったりします。掛け軸には絵や字がかいてあります。また、床の間には壺が置いてあることもあります。

　今の日本間の様式は鎌倉時代から江戸時代にかけて生まれたものです。

新しい語句

※ 自 は自動詞、他 他動詞

- 西洋 (せい・よう) ↔ 東洋 (とう・よう)
  - ～人 (じん)
  - ～風 (ふう)　　和風 (わ・ふう)
  - 　　　　　　　洋風 (よう・ふう)
- 伝統 (でん・とう)
  - ～的 (てき)
- 都会 (と・かい)
- 畳 (たたみ)
  - ～畳 (～じょう)
- 部屋 (へ・や)
- 残る (のこる) 自 ：残す (のこす) 他
- 和室 (わ・しつ) ↔ 洋室 (よう・しつ)
- 日本間 (に・ほん・ま)
  - ～間 (ま)　　居間 (い・ま)
  - 　　　　　　 客間 (きゃく・ま)
- 広さ (ひろさ) ＜ 広い
- 数 (かず)
- 表す (あらわす)
- ～枚 (まい) ➡ 表1
- しく
- 壁 (かべ)
- 障子 (しょう・じ)
- 襖 (ふすま)
- 引き戸 (ひきど)
- 分ける (わける) 他
  - ：分かれる (わかれる) 自
- 厚い (あつい) ↔ 薄い (うすい)
- はる
- 強い (つよい) ↔ 弱い (よわい)
- 光 (ひかり)
- やわらかい ↔ かたい
- 便利な (べん・りな) ↔ 不便な (ふ・べんな)
- 簡単な (かん・たんな)
- 外れる (はずれる) 自 ：外す (はずす) 他
- たいてい
- 床の間 (とこのま)
- 掛け軸 (かけじく)
- かける 他 ：かかる 自
- 生け花 (いけばな)
- 生ける (いける)
- 壺 (つぼ)
- 様式 (よう・しき)
- 時代 (じ・だい)
- ～から～にかけて
- 生まれる (うまれる) 自 ：生む (うむ) 他

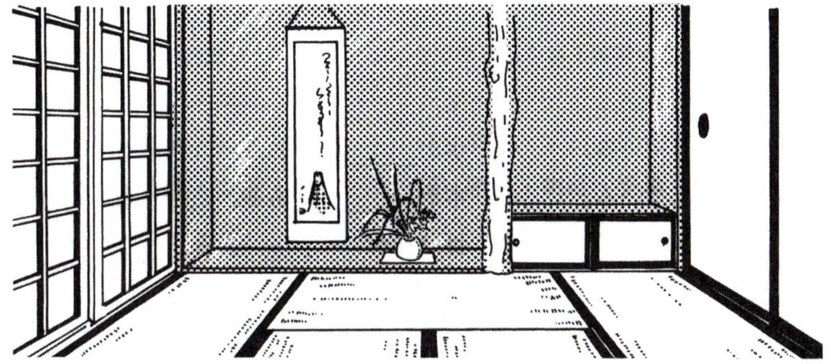

01 자동사와 타동사

접속 〜が + 자동사 / 〜を + 타동사

◆ 風が吹いて、火が消えました。　/　たばこの火を消してください。
◆ 窓が閉まっていません。　/　窓を閉めて、寝ました。
◆ 鍵がかかっていません。　/　鍵をかけてください。

02 〜が 타동사 てある　~아/어/여(져) 있다

접속 〜が + 타동사의 て형 + ある

a. ◆ ノートに名前を書きました。
　　⇨ ノートに名前が書いてあります。
　◆ つくえの上に本をおきました。
　　⇨ つくえの上に本がおいてあります。

b. ◆ さいふにお金を入れました。
　　⇨ さいふにお金が入れてあります。
　◆ 壁に絵をかけました。
　　⇨ 壁に絵がかけてあります。

　cf. さいふにお金が入っています。

　　壁に絵がかかっています。

〜を 〜で表す　~을 ~으로 나타내다

접속 **명사 + で表(あらわ)す**

- 部屋の広さを畳(たたみ)の数で表します。
- 郵便局(ゆうびんきょく)を「〒」*のマークで表します。
- 気持ちを言葉(ことば)で表します。

> ＊「〒」のマークは、現在の郵政公社のことを以前は逓信省(ていしんしょう)といったので、「テ」の字をデザインしたものです。
> （ゆうせいこうしゃ）

まだ / もう　아직/이미, 벌써

접속 **まだ〜 / もう〜**

- まだケーキを食べていません。
- まだケーキはあります。

（まだ）

- もうケーキを食べました。
- もうケーキはありません。

（もう）

- A：もう昼ごはん食べましたか。
  B：はい、もう食べました。
  　　いいえ、まだ食べていません。

〜ていく / 〜てくる　~(해) 가다/~(해) 오다

접속 **동사의 て형 + いく / 동사의 て형 + くる**

- 車が走っていきます。
- 光が外から入ってきます。
- 友だちから電話がかかってきました。

　cf. 友だちに電話をかける。

◆ 一時間前に、行ってきました。

◆ くしゃみが出てきました。

➡ Lesson 07 04

06 ～ことがある ~(할) 경우가 있다

접속 동사의 사전형 + ことがある

◆ ときどき新宿で映画を見ることがあります。

◆ ときどき日本の歌を歌うことがあります。

➡ Lesson 11 07

01 左の言葉の説明で、てきとうなものを線で結びなさい。

(1) 伝統　・　　　　　　　　　・ ヨーロッパやアメリカ

(2) 西洋　・　　　　　　　　　・ 人がたくさん住んでいる大きな町

(3) 都会　・　　　　　　　　　・ 畳がしいてある部屋

(4) 和室　・　　　　　　　　　・ 昔から続いていること

02 本文を読んで、つぎの質問に答えなさい。

(1) 日本の部屋の広さは何で表しますか。

(2) 障子には何がはってありますか。

(3) 床の間には何が置いてありますか。

(4) 客が多い時はどうしますか。

03 〔　　〕から言葉をえらび、てきとうな形にして＿＿＿＿に書きなさい。

> **例** 電気がついたり、＿＿きえ＿＿たりしています。〔けす・きえる〕

(1) 手をあげて、タクシーを＿＿＿＿＿＿ました。〔とめる・とまる〕

(2) シャツのボタンが＿＿＿＿＿＿ました。〔はずす・はずれる〕

(3) お金を＿＿＿＿＿＿しまいました。〔おちる・おとす〕

04 (　　　)に「もう」か「まだ」を入れなさい。

(1) 田中さんは(　　　)結婚しています。

(2) 学校へ行く時間ですが、ジローさんは(　　　)ねています。

(3) 学生は教室に(　　　)残っていません。

(4) 映画は(　　　)始まっていません。

05 ＿＿＿＿にてきとうな言葉を書きなさい。

> 例　電気がついている。　⇨　電気が<u>つけて</u>ある。

(1) 水がはいっている。　　　⇨　　水が＿＿＿＿ある。

(2) 本がならんでいる。　　　⇨　　本が＿＿＿＿ある。

(3) 掛け軸がかかっている。　⇨　　掛け軸が＿＿＿＿ある。

(4) 部屋がわかれている。　　⇨　　部屋が＿＿＿＿ある。

1st Step

01 つぎの言葉を「〜というのは…」を使って説明しなさい。

> 例　6畳間
> →6畳間というのは、畳が6枚しいてある部屋のことです。

(1) 高層ビル

　→＿＿＿＿＿＿＿＿＿＿＿＿＿＿＿＿＿＿＿＿＿＿＿＿＿＿＿

(2) 出張

　→＿＿＿＿＿＿＿＿＿＿＿＿＿＿＿＿＿＿＿＿＿＿＿＿＿＿＿

(3) 共通語

　→＿＿＿＿＿＿＿＿＿＿＿＿＿＿＿＿＿＿＿＿＿＿＿＿＿＿＿

(4) 伝統

　→＿＿＿＿＿＿＿＿＿＿＿＿＿＿＿＿＿＿＿＿＿＿＿＿＿＿＿

02 つぎの言葉と反対の意味の言葉を書きなさい。

(1) 大きい ↔＿＿＿＿　　(2) 早い　　↔＿＿＿＿　　(3) 強い　　↔＿＿＿＿

(4) 広い　↔＿＿＿＿　　(5) 厚い　　↔＿＿＿＿　　(6) 低い　　↔＿＿＿＿

(7) 近く　↔＿＿＿＿　　(8) 同じ　　↔＿＿＿＿　　(9) 始まる ↔＿＿＿＿

(10) 乗る　↔＿＿＿＿　　(11) 借りる ↔＿＿＿＿　　(12) 西洋　↔＿＿＿＿

03 ＿＿＿＿に入る共通の漢字を書きなさい。

(1) ＿＿＿＿　　しょく**じ**・しご**と**・だい**じ**

(2) ＿＿＿＿　　とう**じつ**・に**ち**ようび・がっ**ぴ**

(3) ＿＿＿＿　　にほん**ま**・**じ**かん・ひる**ま**

(4) ＿＿＿＿　　き**かい**・**かい**わ・と**かい**

04 つぎの漢字のただしい読み方はどれですか。

(1) 書店 〔しょてん・しょうてん・しょうでん・しょでん〕

(2) 資料 〔しりゅう・じりゅう・しりょう・ちりょう〕

(3) 装置 〔しょうおき・しょうち・そうおき・そうち〕

05 つぎの漢字で使い方がただしいものはどれですか。

(1) 尊問・専門・専間・専問   (2) 枝術・伎術・技街・技術

(3) 紹介・招介・招会・紹会   (4) 管利・官利・管理・官理

(5) 会議・介議・会儀・合儀   (6) 制造・制送・整造・製造

2nd Step

01 ＿＿＿＿＿にてきとうなひらがなを入れなさい。いらないときは×を書きなさい。

(1) きのう＿＿＿＿デパート＿＿＿＿かばん＿＿＿＿買い＿＿＿＿行きました。

(2) 朝＿＿＿＿人＿＿＿＿会った＿＿＿＿時は「おはようございます」＿＿＿＿言います。

(3) 大学＿＿＿＿半導体＿＿＿＿研究をしています。

(4) 日本の地図は山＿＿＿＿緑色(みどりいろ)＿＿＿＿表します。

(5) 金曜日＿＿＿＿ ＿＿＿＿日曜日＿＿＿＿かけて旅行(りょこう)します。

(6) アメリカ＿＿＿＿いる＿＿＿＿父＿＿＿＿電話をかけました。

(7) 駅＿＿＿＿ ＿＿＿＿学校＿＿＿＿ ＿＿＿＿バス＿＿＿＿10分＿＿＿＿かかります。

(8) ノート＿＿＿＿名前＿＿＿＿住所(じゅうしょ)＿＿＿＿書いてください。

(9) 車＿＿＿＿おりて、海＿＿＿＿見ました。遠くに船(ふね)＿＿＿＿見えました。

(10) 日本の冬はロシア人＿＿＿＿ ＿＿＿＿あまり寒(さむ)くないです。

02 てきとうな言葉を〔　　〕の中から選びなさい。

(1)〔もう・まだ〕ごはんを食べましたか。

(2)　マリアさんは〔もう・まだ〕独身(どくしん)です。結婚していません。

(3)　れいぞうこにバターが〔はいって・いれて〕あります。

(4)　犬を散歩(さんぽ)に〔つれて・持って〕行きました。

(5)　友だちから電話が〔かけて・かかって〕きました。

03 同じ意味の文にしなさい。

(1)壁(かべ)に絵がかかっています。

　　→ 壁に絵が＿＿＿＿＿あります。

(2)工場を見学しました。その時に、説明を聞きました。

　　→ 説明を＿＿＿＿＿＿、工場を見学しました。

(3)人形のかぶっている帽子には羽根がついています。

　　→ 人形は羽根＿＿＿＿＿＿帽子を＿＿＿＿＿＿。

(4)人形の目は大きくて、かわいいです。

　　→ 人形は、＿＿＿＿＿＿、＿＿＿＿＿目＿＿＿＿＿＿。

(5)電話をしてから、友だちの家へ行きました。

　　→ 友だちの家へ＿＿＿＿＿＿、電話をしました。

(6)花をきれいに生けることを生け花といいます。

　　→ 生け花＿＿＿＿＿＿は＿＿＿＿＿＿＿＿です。

(7)襖(ふすま)や障子(しょうじ)は簡単に外れます。

　　→ 襖や障子＿＿＿＿＿＿のは簡単です。

04 二つの文を一つにしなさい。

(1) ドアが開きました。ドアが閉まりました。

　　→ ドアが＿＿＿＿＿＿＿たり、＿＿＿＿＿＿＿たりしています。

(2) 郵便局で切手を買いました。手紙に切手をはります。

　　→ 手紙に＿＿＿＿＿＿＿＿＿＿＿切手をはります。

(3) チョンさんは何時に来ますか。わかりません。

　　→ チョンさんが＿＿＿＿＿＿＿＿、わかりません。

(4) ご飯を食べました。歯をみがきました。

　　→ ご飯を＿＿＿＿＿あと＿＿＿、歯をみがきました。

(5) テーブルを買いました。テーブルの形は丸いです。

　　→ 丸い形を＿＿＿＿テーブルを買いました。

3rd Step

01 ＿＿＿＿にてきとうな言葉を入れて、会話を作りなさい。

(1) A：あなたの国では、ご飯を食＿＿＿＿時、何で食べますか。

　　B：ナイフとフォークで食べます。

　　A：はじめて日本りょうりを食＿＿＿＿時、どう思いましたか。

　　B：はしを使＿＿＿＿のが難しくて、こまりました。

　　A：りょうりはどうでしたか。

　　B：りょうりが出＿＿＿＿時はきれいだと思いましたが、口の中に入＿＿＿＿時は心配でした。でも、おいしかったです。

(2) A：赤いシャツを着＿＿＿＿人がむこうから走＿＿＿＿ましたよ。

　　B：あのめがねをかけ＿＿＿＿人ですか。山田さんです。

　　A：シャツに何か書＿＿＿＿＿ね。

B：山田さんが働______会社の名前です。

A：山田さんはどこに住______いますか。

B：どこに住______か、知りません。

(3) A：それは日本の新聞ですね。わかりますか。

B：ときどきわか______ことがありますが、日本人に聞______たり、辞書を

引______たりします。

A：日本語を勉強______時、一番たいへんなのは何ですか。

B：漢字をおぼえ______のが一番たいへんです。この漢字は何と読みますか。

A：私にもわかりません。難しい質問をし______ください。

4th Step 中級へ飛翔

01 つぎの漢字の意味をしらべなさい。

(1) 「地」のつく言葉

〔ち〕　地方・地図・地下鉄・土地・地位・地域

〔じ〕　地面・地震

(2) 「大」のつく言葉

〔たい〕　大切・大使館・大量・大会・大気・大国・大衆・大戦

〔だい〕　大学・大好き・大事・大統領・大臣

〔おお〕　大雨・大事・大掃除・大通り

(3) 「発」のつく言葉

〔はつ〕　発音・開発・発明・発売

〔はっ〕　発展・発行・発達・発表

〔ぱつ〕　出発・活発・反発

(4) 「行」のつく言葉

〔こう〕　旅行・銀行・実行・行楽・行動

〔ぎょう〕行事・行政・行列

02 つぎの説明にあてはまる言葉を〔　　〕に書きなさい。

> 例　歩く人　　　　　　　　　　　　　　　　　〔　歩行者　〕

(1) タイ・マレーシア・インドネシアなどがあるところ　　〔　アジア　〕

(2) 結婚の約束　　　　　　　　　　　　　　　　　　　〔　　　　　〕

(3) 本や雑誌などの資料が集めてあるところ　　　　　　〔　　　館　〕

(4) 前の週　　　　　　　　　　　　　　　　　　　　　〔　　　週　〕

(5) 工場でものを作る時の順序　　　　　　　　　　　　〔　工　　　〕

03 つぎの質問に答えなさい。

(1) 日曜日にどんなことをしたか、友だちに聞きなさい。

　　＊どこ、何、だれ、どんな、何時……を使いなさい。

(2) 「〜てある」を使って、あなたの部屋の様子を説明しなさい。

(3) 「〜く/になる」を使って、最近何か変わったことを書きなさい。

(4) あなたの国と日本で、同じところと違うところを書きなさい。

青と緑

青と緑

　交通信号の色を日本人はふつう赤・黄・青と言います。これを聞いた外国人は、日本人が緑を青と言うことを不思議に思うそうです。国語辞典の「青信号」のところには、ちゃんと「緑色の信号」と書いてあります。この理由は何なのでしょうか。日本人には緑と青が同じ色に見えるのでしょうか。

　では、日本語でどんなものを青と言うか、調べてみましょう。青い空、青い海、青い山、青葉、青菜、青い顔…。青いものから緑色のものまで、いろいろあります。学者の研究によると、古い日本語には色を表す言葉が赤、青、白、黒の四つしかなかったそうです。緑という言葉はもともと色の名前ではなく、水や芽などに関係のある言葉で、芽が出てすぐの若く、生き生きして、水気の多いことを表します。それで、日本語では女の人のきれいな髪のことを「緑の黒髪」と言ったり、生まれたばかりの子どものことを「みどりご」と言ったりするのです。

　また、「青」には色だけでなく、若さや新鮮さという意味もあります。たとえば「青二才」は若くて経験不足の男性を、「青春時代」は十代後半から二十代にかけての夢と希望にあふれる時代を指します。

※ 参考論文： 佐竹昭廣 「古代日本語に於ける色名の性格」

☐ 交通 (こう・つう)
☐ 信号 (しん・ごう)
☐ 不思議な (ふ・し・ぎな)
☐ 国語 (こく・ご)
☐ 辞典 (じ・てん)
☐ ちゃんと ≒ たしかに
☐ 理由 (り・ゆう)
☐ 調べる (しらべる)
☐ 葉 (は)
☐ 菜 (な)
☐ 顔 (かお)
☐ 学者 (がく・しゃ)
☐ 研究 (けん・きゅう)
☐ もともと
☐ 芽 (め)
☐ 関係 (かん・けい)
☐ 若い (わかい)

☐ 生き生きする (いきいきする)
☐ 水気 (みず・け)
　〜気　　塩気 (しお・け)
☐ 髪 (かみ)
☐ みどりご ≒ 新生児 (しん・せい・じ)
☐ 新鮮 (しん・せん)
☐ 経験 (けい・けん)
☐ 不足 (ふ・そく)
　〜不足 (ぶ・そく)
☐ 男性 (だん・せい)
☐ 青春 (せい・しゅん)
☐ 後半 (こう・はん)
☐ 夢 (ゆめ)
☐ 希望 (き・ぼう)
☐ あふれる
☐ 指す (さす)

● 色の名前

☐ 赤 (あか)
☐ 黄 (き)
☐ 青 (あお)

☐ 緑 (みどり)
☐ 白 (しろ)
☐ 黒 (くろ)

☆形容詞	赤い	青い	黒い	白い	黄色い	茶色い
☆名詞	緑色	灰色 (はい)	橙色 (だいだい)	桃色 (もも)		
（外来語）	レッド	ブルー	ブラック	ホワイト	イエロー	ブラウン
	グリーン	グレー	オレンジ	ピンク		

日本では1980年代後半から「青」をモチーフにしたコマーシャル、歌、書名、あるいは青い色を使った女性や子ども用の賞品（しょうひん）が増（ふ）え始めたそうです。最近では食品の包装（ほうそう）にも青い色が使われるようになりました。現代人は「青」から「さわやかさ」「優しさ（やさ）」「静かさ」「安心感（あんてい）」「安定」などのイメージを思い浮（う）かべるといいます。

01

～そうだ　~라고 한다, ~란다 (전문 伝聞)

接続　보통형 + そうだ

◆ 日本人は緑色の野菜を青菜と言うそうです。

◆ 山田さんはアメリカへ行ったそうです。

◆ あの店のコーヒーはおいしくないそうです。

◆ 手紙によると両親は元気だそうです。

◆ 彼は日本人だそうです。

◆ このマンガはおもしろいそうです。

◆ 彼は親切だそうです。

◆ 今日アメリカから帰ってくるそうです。

02

a. ～のですか (～んですか)　~(인) 거에요?
b. ～のです (～んです)　~(인) 것입니다

接続　보통형 + のです(か)　（단, 현재 긍정문「な형용사 어간・명사 +なのです(か)」）

◆ A: どうしたのですか。
  B: 電車が遅れたのです。

◆ A: きょうはいそがしいのですか。
  B: ええ、あしたは試験なのです。

※ 会話では「～のです」が「～んです」になります。

◆ A: ああ、眠い。
  B: どうしたんですか。

◆ A: 昨日徹夜したんです。
  B: 大変なんですね。

◆ A: まだ寝ないんですか。
  B: ええ、明日テストなんです。

◆ A: すてきな車ですね。いつ買ったんですか。
  B: 先週買ったんですが、少し高かったんです。

〜に見える   ~처럼 여겨지다, ~로 보이다

접속 명사 + に見える

◆ あの雲は帽子に見えます。
◆ 田中さんと山川さんは兄弟に見えます。
◆ あの子は背が高くて大人に見えます。
➡ Lesson 04 06

〜てみる   ~해 보다

접속 동사의 て형 + みる

◆ なっとうをちょっと食べてみました。
◆ このペンを使ってみてください。
◆ 一つ召し上がってみてください。

〜しかない   ~밖에 없다, ~(할) 수 밖에 없다

접속 명사・동사의 사전형 + しかない

◆ お金が千円しかありません。
◆ 学生が二人しか来ていません。
◆ このクラスに女の学生は一人しかいません。
◆ 日本語がうまくなるには毎日練習するしかありません。

〜たばかりだ　～(한) 지 얼마 안되었다, 방금 막 ~했다

접속 동사의 た형 + ばかりだ

◆ 先週、アメリカから日本へ来たばかりです。
◆ さっき起きたばかりです。
◆ さっき食べたばかりです。
◆ この店はできたばかりです。
➡ Lesson 07 06, Lesson 12 08

〜だけでなく、〜も / 〜ばかりでなく、〜も　～뿐만 아니라 ~도

접속 명사 + だけでなく / ばかりでなく + 명사 + も

◆ ひらがなだけでなく、漢字も勉強します。
◆ この花は日本だけでなく、中国にもあります。
◆ 絵だけでなく、音楽も好きです。
◆ 英語ばかりでなく、フランス語も話します。
◆ テニスばかりでなく、水泳もできます。

01 ◯から適当_{てきとう}な言葉を選び、________ に入れなさい。

(1) 言葉の意味がわからない時は____________で調べます。

(2) うつくしい黒い髪を「緑の黒髪」と言うのは____________です。

(3) 昔から日本と中国の____________は深_{ふか}いです。

(4) 学校を休んだ____________を説明してください。

(5) ____________を旅行して、いろいろな人に会いました。

> 関係　　　世界　　　理由　　　不思議　　　辞典

02 本文と同じ内容_{ないよう}のものに〇、違うものに×をつけなさい。

(1) (　　) 日本の信号の色と外国の信号の色は違います。

(2) (　　) 日本人は緑色のものを青いと言うことがあります。

(3) (　　) 「緑」は昔は色の名前ではありませんでした。

(4) (　　) 日本人は緑色の髪が好きです。

03 ◯から言葉を選び、適当な形にして________に書きなさい。

(1) A：あした、京都へ行きます。

　　B：そうですか。秋の京都はとても____________そうですね。

　　A：ええ。でも、天気はどうですか。

　　B：テレビによると、あしたは雨は____________そうですよ。

> きれいです　　　　　降りません

(2) A：田中さんが新しい車を＿＿＿＿＿＿そうですね。

B：私も聞きました。とても＿＿＿＿＿＿そうです。

A：カーナビ*が＿＿＿＿＿＿そうですね。(* car navigation system)

B：しかし、テレビは＿＿＿＿＿＿そうです。

買いました	ついています	ついていません	高かったです

(3) A：どうか＿＿＿＿＿＿のですか。

B：階段（かいだん）で＿＿＿＿＿＿のです。

A：もう病院へ＿＿＿＿＿＿のですか。

B：いいえ、これから＿＿＿＿＿＿のです。

行きます	ころびました	しました	行きました

マンガ文化

マンガ文化

　電車の中で楽しそうにマンガを読んでいる人、町で見かけるマンガ喫茶、そして読んでしまったマンガをリサイクルする古本屋など、マンガは現代の若者文化の一つと言ってもよさそうです。

　現在マンガは日本の出版物の約30パーセントを占めているそうです。発行部数の一番多い一般の週刊誌は約75万部で、マンガ週刊誌の発行部数の第一位はその4倍をこえるそうです。さらに海外でも日本のマンガ雑誌はのびていきそうな気配です。

　現在のマンガ・ブームは、1990年に出た『マンガ日本経済入門』から始まりました。今では、源氏物語や日本国憲法などいろいろな分野の本がマンガになって、本屋の店先に並んでいます。

　企業でも、イメージアップやPR効果をねらって、マンガを使ったパンフレットを出しています。また、マンガとは関係のなさそうな大学でも、今では大学案内にマンガを取り入れるところが多くなってきました。

　「マンガばかり見るな。もっと活字を読め。」という若者の活字ばなれを心配する声もありますが、マンガ人気はまだまだおさまりそうにありません。マンガの持つ見やすさ、簡潔さ、そしてわかりやすさは、日本だけでなく、世界各地でも新たな読者層をつかんでいきそうです。

□ マンガ（漫画）
□ 文化（ぶん・か）
□ 見かける
□ 喫茶（きっ・さ）
□ リサイクル　recycle
□ 古本屋（ふる・ほん・や）
□ 現代（げん・だい）
□ 若者（わか・もの）
□ 現在（げん・ざい）
□ 出版物（しゅっ・ぱん・ぶつ）
□ 約（やく）
□ パーセント　percent
□ 占める（しめる）
□ 発行（はっ・こう）
□ 部数（ぶ・すう）
□ 一般（いっ・ぱん）
□ 週刊誌（しゅう・かん・し）
□ 第一位（だい・いち・い）
□ ～倍（ばい）
□ こえる
□ さらに
□ 海外（かい・がい）
□ のびる
□ 気配（け・はい）
□ ブーム　boom
□ 経済入門（けい・ざい・にゅう・もん）
□ 源氏物語（げん・じ・もの・がたり）

□ 憲法（けん・ぽう）
□ 分野（ぶん・や）
□ 店先（みせ・さき）
□ 並ぶ（ならぶ）自 : 並べる（ならべる）他
□ 企業（き・ぎょう）
□ イメージアップ
□ PR（ピー・アール）
□ 効果（こう・か）
□ ねらう
□ パンフレット　pamphlet
□ 案内（あん・ない）
□ 取り入れる（とりいれる）
□ 活字（かつ・じ）ばなれ
□ 心配する（しん・ぱいする）
　　　　　↔ 安心する（あん・しんする）
□ 声（こえ）≒ 意見（い・けん）
□ 人気（にん・き）
□ まだまだ
□ おさまる 自 : おさめる 他
□ 見やすさ ＜ 見やすい
□ 簡潔さ（かん・けつさ）＜ 簡潔な
　　　　　↔ 複雑さ（ふく・ざつさ）
□ 各地（かく・ち）
□ 新たな（あらたな）
□ 読者層（どく・しゃ・そう）
　　　～層　中年層（ちゅう・ねん・そう）
□ つかむ

　　　日本語ではアップ(up)とダウン(down)はいろいろな言葉につけて使うことができます。イメージをよくすることは「イメージアップする」、イメージが悪くなることは「イメージダウンする」となります。他にも「コスト(cost)」「スピード(speed)」「パワー(power)」「レベル(level)」などによく使われます。

01 そうだ ~(일) 것 같다, ~(인) 듯 하다, ~(해) 보인다

접속 긍정 い형용사의 어간・な형용사의 어간・동사의ます형 + そうだ
부정 い형용사의 어간 + くなさそうだ（そうではない）
な형용사의 어간 + じゃなさそうだ（そうではない）
동사의 ます형 + そうにもない / そうにない / そうもない
동사의 ない형 + なさそうだ

◆ 雨が降りそうです。

◆ この車はじょうぶそうです。

◆ 子どもたちはマンガを楽しそうに読んでいます。

◆ これはおいしそうな料理です。

◆ この服はよさそうです。（いい / よい ⇨ よさそう）

◆ この本屋にはいい本がなさそうです。（ない ⇨ なさそう）

◆ この箱は大きくて、かばんに入りそうにありません。
　このつくえは重くて、動きそうにありません。

◆ 彼は元気そうです。
　彼は元気じゃなさそうです。

◆ この本は難しそうです。
　この本は難しくなさそうです。

02 명령 표현 ~해(라)

동사의 명령형 만들기

Ⅰ그룹동사　어미「う」단 →「え」단　書く → 書け(써라)
Ⅱ그룹동사　어미「る」→「ろ」　見る → 見ろ(봐라)
Ⅲ그룹동사　する → しろ(해라)・くる → こい(와라)

◆ はやく食べろ。　　　◆ このノートに書け。

◆ 勉強しろ。　　　　　◆ はやく来い。

◆ 一緒に行け。　　　　◆ 静かにしろ。

금지 표현 ~(하)지 말아라, ~(하)지 마

`접속` 동사의 사전형 + な

◆ 宿題を忘れるな。　　　　◆ ここで写真を撮るな。
◆ 芝生に入るな。

➡ Lesson 02 06

04

a. 〜てくる ~(해)지다, ~하기 시작하다 〈변화의 시작〉

b. 〜ていく ~(해)가고 있다 〈변화의 진행〉

`접속` 동사의 て형 + くる/いく

a. ◆ だんだん暑くなってきました。

b. ◆ だんだんすずしくなっていきます。

春　　（〜てくる）　a.　　夏　　b.　（〜ていく）　　　秋

➡ Lesson 05 05

05

〜てしまう ~해 버리다, ~해 치우다 〈완료〉

`접속` 동사의 て형 + しまう

◆ 宿題をぜんぶしてしまいました。

◆ 終わりまで本を読んでしまいました。

◆ 今週中にレポートを書いてしまいます。

➡ Lesson 08 06

06

〜ばかり　~만, ~뿐

접속 **명사 + ばかり**

- 兄は毎日、本ばかり読んでいます。
- 弟はマンガばかり見て、勉強しません。
- 鈴木さんは部屋の中でゲームばかりしています。

07

〜やすい ↔ 〜にくい　~(하)기 쉽다/편하다 ↔ ~(하)기 어렵다/힘들다

접속 **동사의 ます형 + やすい / にくい**

- このボールペンは書きやすいです。
- このアパートは住みやすいです。
- この本は字が小さくて、読みにくいです。
- この鉛筆は書きにくいです。

01 本文と同じものに〇、違うものに×をつけなさい。

(1) （　　　） マンガは日本の週刊誌の30パーセントを占めています。

(2) （　　　） 大学のパンフレットにもマンガを使っています。

(3) （　　　） 若者が本を読まないことを心配している人がいます。

(4) （　　　） マンガを読む人はだんだん少なくなりそうです。

02 ◯◯から言葉を選び、適当な形にして＿＿＿＿に書きなさい。

(1) 若者を＿＿＿＿＿＿＿＿＿＿、新しい製品を開発しました。

(2) 同じ意見がクラスの約半分を＿＿＿＿＿＿＿＿＿＿。

(3) 山田さんの話はみんなの心を＿＿＿＿＿＿＿＿＿＿。

(4) カラオケブームはまだ＿＿＿＿＿＿＿＿＿＿そうにありません。

> 占める　　　ねらう　　　おさまる　　　つかむ

03 ◯◯から言葉を選び、適当な形にして＿＿＿＿に書きなさい。

(1) A：お母さんの話では、仕事がとても＿＿＿＿＿＿＿そうですね。

　　B：はい、忙しくて、もう＿＿＿＿＿＿そうです。

(2) A：今夜は月も星もきれいですね。

　　B：そうですね。あしたは天気が＿＿＿＿＿＿＿そうです。

(3) A：山田さんの字は読み＿＿＿＿＿＿＿ですね。

　　B：山田さんはあまりていねいには書きませんね。

(4) A：この日本語の辞書は使い＿＿＿＿＿＿＿ですね。

　　B：ええ、例文もたくさんありますよ。

> やすい　　　忙しい　　　死ぬ　　　いい　　　にくい

04 つぎの文を完成しなさい。

⑴ Ａ：最近、電車の中で大人がよくマンガを読んでいますね。

　　Ｂ：そうですね。マンガを読んでいる大人が多く＿＿＿＿＿＿＿。

⑵ Ａ：鈴木さんは宿題をしましたか。

　　Ｂ：いいえ、鈴木さんは＿＿＿＿＿＿ばかり＿＿＿＿＿＿。

⑶ Ａ：この掃除機はこわれているのですが、直りそうですか。

　　Ｂ：いいえ、＿＿＿＿＿＿ありません。

志のままに

志のままに

　赤ん坊の時の大やけどで清作の左手の指は全部くっついていた。清作はハンディと戦いながら、いっしょうけんめいに勉強した。学校の先生も友だちも清作の姿に感心し、なんとか力になりたいと思い、清作の左手をなおすために、手術に必要なお金を出し合った。

　手術は成功し、指先はなくなったが、指は自由に動いた。清作は感激した。自分も医者になって体の不自由な人や病気で苦しんでいる人を助けようと決意した。この清作が後の世界的に有名な医学者、野口英世である。

　野口英世は、世界中をまわっていろいろな病気の原因とその治療法の研究をした。特に梅毒と中南米で流行していた黄熱病の研究に力を入れた。英世の作った薬は多くの人々の命を救った。

　ところが、アフリカの黄熱病にはこの薬はきかなかった。英世は苦しんでいる人をそのままにしたくなかった。もう50歳を過ぎていた英世はアフリカの人々がほしがっている新しい薬を作るつもりで、アフリカに渡った。しかし、自分も黄熱病にかかってしまい、51歳で亡くなった。最後まで少年時代の 志 のままに生きた英世だった。

☐ 志（こころざし）

☐ 赤ん坊（あかんぼう）

☐ 大（おお）〜　　　大雨（おお・あめ）
　　　　　　　　　　大型（おお・がた）

☐ やけど

☐ 全部（ぜん・ぶ）

☐ くっつく 自 ＜ つく：くっつける 他

☐ ハンディ　handicap

☐ 戦う（たたかう）

☐ いっしょうけんめいな

☐ 姿（すがた）

☐ 感心する（かん・しんする）

☐ なんとか

☐ 力になる

☐ なおす 他 / なおる 自
　　　 ≒ 治療する（ち・りょうする）

☐ 手術（しゅ・じゅつ）

☐ 必要な（ひつ・ような）↔ 不必要な

☐ 不（ふ）〜

☐ 〜合う（あう）　話し合う（はなしあう）

☐ 成功する（せい・こうする）↔ 失敗する

☐ 自由な（じ・ゆうな）↔ 不自由な

☐ 感激する（かん・げきする）

☐ 苦しむ（くるしむ）＜ 苦しい

☐ 助ける（たすける）他 / 助かる 自

☐ 決意する（けつ・いする）

☐ 後（のち）

☐ 有名な（ゆう・めいな）↔ 無名（む・めい）の

☐ 医学（い・がく）

☐ 〜中（じゅう）日本中（に・ほん・じゅう）

☐ まわる

☐ 原因（げん・いん）↔ 結果（けっ・か）

☐ 治療法（ち・りょう・ほう）
　　 〜法（ほう）
　　　　研究法（けん・きゅう・ほう）

☐ 梅毒（ばい・どく）

☐ 流行（りゅう・こう）

☐ 黄熱病（おう・ねつ・びょう）
　　　〜病（びょう）
　　　　心臓病（しん・ぞう・びょう）

☐ 力を入れる

☐ 薬（くすり）

☐ 命（いのち）

☐ 救う（すくう）

☐《薬が》きく

☐《〜に》渡る（わたる）
　　　　　≒ 海外（かい・がい）へ行く

☐《病気に》かかる

☐ 亡くなる（なくなる）≒ 死ぬ（しぬ）

☐ 最後（さい・ご）↔ 最初（さい・しょ）

☐ 少年（しょう・ねん）↔ 少女（しょう・じょ）

☐ 生きる（いきる）

● 人・場所の名前

☐ 清作（せい・さく）
　　 ＝ 野口英世の少年時代の名前

☐ 野口英世（の・ぐち・ひで・よ）

☐ 中南米（ちゅう・なん・べい）

☐ アフリカ

野口 英世（1876〜1928）

01 정중형과 보통형

정중형		보통형

◆ この人が野口英世です。 ⇨ この人が野口英世だ / である。

◆ 清作はよく勉強します。 ⇨ 清作はよく勉強する。

◆ 清作は心がやさしいです。 ⇨ 清作は心がやさしい。

◆ 清作は手が不自由です。 ⇨ 清作は手が不自由だ / である。

◆ 薬がききません。 ⇨ 薬がきかない。

◆ 友だちが部屋にいました。 ⇨ 友だちが部屋にいた。

02

a. (私は) 〜が〜たい　나는 ~이/가(을/를) ~고 싶다

(私は) 〜が〜たいと思う　나는 ~이/가(을/를) ~고 싶다고 생각한다

b. 〜さんは〜が

　　　〜たいと思っている　~씨는 ~이/가(을/를) ~고 싶다고 생각하고 있다

〜さんは〜が〜たいそうだ　~씨는 ~이/가(을/를) ~고 싶다고 한다.

〜さんは〜を〜たがっている　~씨는 ~이/가(을/를) ~고 싶어한다

접속　(私は) + 명사が / を + 동사의 ます형 + たい
　　　〜さんは + 명사を + 동사의 ます형 + たがっている

a. ◆ (私は)パンが食べたいです。

　◆ (私は)パンが食べたいと思います。

b. ◆ 田中さんはテレビが見たいと思っています。

　◆ 田中さんはテレビが見たいそうです。

　◆ 田中さんはテレビを見たがっています。

(私は) 〜がほしい _{(나는) ~이 갖고 싶다, 나는 ~을/를 원한다}

〜さんは 〜をほしがっている _{~씨는 ~을/를 갖고 싶어한다}

접속 (私は) + 명사が + ほしい
　　　〜さんは + 명사を + ほしがっている

◆ (私は)薬がほしいです。
◆ 私はビデオがほしいです。
◆ 山田さんは薬をほしがっています。
◆ 山田さんは新しい車をほしがっています。

04

〜つもりだ _{~(할) 생각이다, ~(할) 작정이다}

접속 동사의 사전형 + つもりだ

◆ あした、東京に行くつもりです。
◆ 新しい薬を作るつもりです。
◆ 来年結婚するつもりです。
◆ 来月から中国語を習うつもりです。

05

〜(よ)うと思う _{~(하)려고 한다, ~(하)려고 생각한다}

접속 동사의 의지형 + と思う

◆ 病気の人を助けようと思います。
◆ 新しい薬を作ろうと思います。
◆ 明日の朝、早く起きようと思います。
◆ 友だちと一緒に北海道旅行をしようと思います。
◆ 久しぶりにハイキングに行こうと思います。

06

〜てしまう ~(하)고 말다, ~해 버리다 〈부주의, 유감, 후회〉

접속 동사의 て형+しまう

◆ 財布を落としてしまった。〔残念です〕
◆ 野口英世は病気にかかってしまった。
◆ 転んでしまいました。
➡ Lesson 07 05

07

〜のために / 〜ために ~(을)를 위해서 / ~(하)기 위해서

접속 명사の・동사의 사전형 + ために

◆ 健康のために、毎日運動をしている。
◆ 留学するために、お金をためている。
◆ 家族のために働いています。
◆ きれいになるためにダイエットをしています。
➡ Lesson 13 06

08

〜のまま / 〜たまま ~대로/~(한) 채

접속 명사 + のまま / 동사의 た형 + まま

◆ くつをはいたまま(で)、部屋に入る。
◆ 少年時代の志のままに、生きる。
◆ 使った食器は、そのままでけっこうです。

01 ◯から適当な言葉を選び、＿＿＿＿＿に入れなさい。

(1) 留学に＿＿＿＿＿なお金をためている。

(2) 先生たちは野口英世の勉強している姿に＿＿＿＿＿した。

(3) 大やけどが＿＿＿＿＿で、手が＿＿＿＿＿に動かなくなった。

(4) 野口英世は病気の人を助けようという＿＿＿＿＿を忘れなかった。

(5) 野口英世は黄熱病の研究で＿＿＿＿＿になった。

> 有名　不自由　必要　自由　感心　決意　原因　関心

02 本文と同じ内容のものに◯、違うものに×をつけなさい。

(1) （　　　）野口英世は手術の成功のあと、医者になろうと思った。

(2) （　　　）野口英世は南米で黄熱病にかかって亡くなった。

(3) （　　　）野口英世の作った薬は南米の黄熱病にはきかなかった。

(4) （　　　）野口英世は新しい薬を作るためにアフリカへ行った。

03 (1) 第7課「マンガ文化」の本文をふつう体にしなさい。

(2) ふつう体で日記を書きなさい。

04 〔　　〕の中の言葉を適当な形にして、＿＿＿＿に書きなさい。

(1) A：夏休みには何を＿＿＿＿＿つもりですか。　　　　　　　　〔する〕

B：北海道<ruby>北海道<rt>ほっかいどう</rt></ruby>へ＿＿＿＿＿と思っています。　　　　　　　〔行く〕

(2) A：おもしろそうなビデオですね。これ、＿＿＿＿＿のですが…。　〔見る〕

B：私も＿＿＿＿＿と思ったのですが、

ビデオの機械が＿＿＿＿＿しまったのです。　　　　〔見る・こわれる〕

(3) A：山田さんはパソコンを＿＿＿＿＿ています。　　　　　　　〔ほしい〕

B：野口さんもパソコンが＿＿＿＿＿と言っていました。　　　〔買う〕

05 つぎの文を完成<ruby>完成<rt>かんせい</rt></ruby>しなさい。

(1) ＿＿＿＿＿＿＿＿＿＿＿＿＿ために、日本語を勉強している。

(2) 電車がこんでいて、京都までずっと＿＿＿＿＿ままだった。

すし

すし

　日本の代表的な食べ物に刺身やすしがあります。これは日本へ来る外国人が一度は食べてみたいと思う料理の一つです。しかし、生の魚がきらいで、刺身やすしが食べられない人もいます。

　握りずしは、すし酢をまぜて握ったご飯の上に、新鮮な魚や貝などの刺身をのせたもので、簡単に作れそうですが、一人前のすし職人になるには10年近くかかるそうです。

　すしはもともとそれぞれの地方の産物を使って作ったもので、いろいろな種類があります。例えば、いなりずしは豆腐から作った油揚げをあまく煮ておいて、その中に酢で味をつけたご飯をつめたものです。そのほかにご飯の中にいろいろな具をまぜた五目ずしや、キュウリやたまご焼きなどをしんにして海苔でご飯を巻いた巻きずしもあります。アボカドで作ったカリフォルニア巻きは、アメリカで生まれたものです。

　家庭でも手作りの味を楽しんだり、来客があった時などには、すしの出前を頼んだりします。すしは冠婚葬祭などの行事にかかせないごちそうです。また、旅行に行って、その地方のすしを味わうのも楽しいことです。最近では、デパートでも各地のいろいろなすしを買うことができるようになりました。こうしたことからも、日本人がすしが好きなことがよくわかります。

- [ ] 代表的な（だい・ひょう・てきな）
- [ ] 料理（りょう・り）
- [ ] 生（なま）
- [ ] 握る（にぎる）
- [ ] 新鮮な（しん・せんな）
- [ ] 魚（さかな）
- [ ] 貝（かい）
- [ ] まぜる
- [ ] のせる 他：のる 自
- [ ] 一人前（いち・にん・まえ）
- [ ] 職人（しょく・にん）
- [ ] 産物（さん・ぶつ）
- [ ] 種類（しゅ・るい）
- [ ] 煮る（にる）　cf. 炒める（いためる）
　　　　　　　　　　　　炊く（たく）
　　　　　　　　　　　　焼く（やく）

● 食べ物を表わす言葉

- [ ] 刺身（さし・み）
- [ ] すし（鮨、寿司）
　　　握りずし
　　　いなりずし
　　　五目ずし
　　　巻きずし
　　　カリフォルニア巻き
- [ ] 酢（す）
- [ ] ご飯（ごはん）
- [ ] 豆腐（とう・ふ）
- [ ] 油揚げ（あぶら・あげ）
- [ ] キュウリ
- [ ] たまご焼き（たまごやき）
- [ ] 海苔（のり）
- [ ] アボカド　avocado

- [ ] つめる 他：つまる 自
- [ ] ほか　そのほかに
- [ ] 具（ぐ）　ご飯や汁に入れるもの
- [ ] 五目（ご・もく）
- [ ] しん
- [ ] 巻く（まく）
- [ ] 家庭（か・てい）
- [ ] 手作り（て・づくり）
- [ ] 楽しむ ＜ 楽しい
- [ ] 来客（らい・きゃく）
- [ ] 出前（で・まえ）
- [ ] 頼む（たのむ）
- [ ] 冠婚葬祭（かん・こん・そう・さい）
- [ ] 行事（ぎょう・じ）
- [ ] かかせない ＜ かかす
- [ ] ごちそう
- [ ] 好きな（すきな）↔ 嫌いな（きらいな）

● 味に関係のある言葉

- [ ] 味をつける
- [ ] 味わう
　cf. あまい ／ からい ／ にがい
　　　しおからい ／ すっぱい

01

a. ～が好きだ / ～がきらいだ　~을 좋아하다/싫어하다

b. ～がわかる　~을 알다

接続　명사 + が好きだ・が嫌いだ / 명사 + がわかる

a. ◆ 田中さんはすしが好きです。 / きらいです。

　◆ 山本さんは本を読むのが好きです。

b. ◆　コウさんは日本語がよくわかります。

02

～ことができる　~(할) 줄 안다, ~(할) 수 있다

接続　동작성 명사 + ができる / 동사의 사전형 + ことができる

◆ 山田さんはスペイン語を話すことができる。

◆ 大山さんは時計を直すことができる。

◆ キムさんは運転ができますか。

◆ このセーターは水で洗うことができます。

03

～が + 可能動詞　~(할) 줄 안다, ~(할) 수 있다

接続　명사 が + 동사의 가능형

◆ スミスさんはさしみが食べられる。　　　　　[食べる ⇨ 食べられる]

◆ 中川さんはドイツ語の本が読める。　　　　　[読む　 ⇨ 読める　　]

◆ 学校まで歩いて10分で来られる。　　　　　[来る　 ⇨ 来られる　]

◆ スキーができる。　　　　　　　　　　　　　[する　 ⇨ できる　　]

◆ 日本語で電話がかけられます。　　　　　　　[かける ⇨ かけられる]

◆ 私は自転車に乗れません。　　　　　　　　　[乗る　 ⇨ 乗れる　　]

　예외) 「乗る」는 조사 「に」와 함께 쓰여 「～に乗れる(~을 탈 수 있다)」가 된다.

가능동사 + ようになる　~(할) 수 있게 되다

접속 동사의 가능형 + ようになる

- キムさんは日本語が話せるようになった。
- デパートで各地のいろいろなすしが買えるようになった。
- 子供が一人で歩けるようになりました。
  ※ 日本に来て、ふとった。（○）
  　　日本に来て、ふとるようになった。（×）

～ことから ～がわかる　~로부터 ~을/를 알 수 있다

접속 모든 품사의 명사수식형 + ことから～がわかる (단, 명사는 「である」를 사용)

- デパートでいろいろなすしを売っていることから、日本人がすしが好きなことがわかる。
- 部屋の電気が消えていることから、田中さんはまだ来ていないことがわかる。
- あのラーメン屋に人がたくさん並んでいることから、ラーメンがおいしいことがわかる。

～から / ～で　~로(부터)/으로

접속 명사 + から / で

- バターは牛乳から作る。/ ぶどうからワインを作る。
- 障子は紙と木で作る。
- 醤油は大豆から作ります。
- 肉と野菜でカレーライスを作りました。

07 ～ておく　~해 두다(놓다)

接続 동사의 て형 + おく

◆ 友だちの家に行く前に、電話をかけておく。
◆ すしを作る時は、はじめにご飯に酢を混ぜておく。
◆ 友だちが来るので、ビールを買っておく。
◆ 友だちが来る前に、部屋の掃除をしておこうと思います。

08 ～には　~(하)려면, ~(하)기 위해서는

接続 동사의 사전형 + には

◆ この本を全部読むには、３日ぐらい必要だ。
◆ 一人前のすし職人になるには、10年ぐらいかかる。
◆ 外国を旅行するには、外国の地図が必要です。

01 左の言葉の意味の説明で、適当なものを線で結びなさい。

(1) かかせない　・　　　　　　　・　料理などを頼んだ人の家まで運ぶこと

(2) ごちそう　・　　　　　　　・　自分で作ること　自分で作ったもの

(3) 出前　　　・　　　　　　　・　おいしい料理

(4) 手作り　　・　　　　　　　・　必要である

02 本文と同じ内容のものに○、違うものに×をつけなさい。

(1) (　　　) すしは日本人も外国人もみんなが好きな料理の一つだ。

(2) (　　　) すしの中には、アメリカで新しく生まれたものもある。

(3) (　　　) 来客がある時は、よくすしを食べに行く。

(4) (　　　) すしはいろいろな行事の時によく食べる料理である。

03 ◯から言葉を選び、適当な形にして＿＿＿＿に書きなさい。

(1) 最近では、デパートで各地のいろいろなすしを売って＿＿＿＿＿。

(2) すしを作る時は、まずご飯にすし酢をまぜて＿＿＿＿＿。

(3) カリフォルニア巻きは、アボカドが巻いて＿＿＿＿＿。

(4) 日本に来て、すしを食べて＿＿＿＿＿と思う人が多い。

いる	ある	みる	おく

04 ◯ から言葉を選び、適当な形にして________に書きなさい。

(1) 留学生の中には生の魚が__________ない人もいる。

(2) この本は簡単に__________そうだ。

(3) 李さんは日本語が__________ようになった。

(4) サリーさんは、五目ずしをうまく__________ことができる。

(5) チンさんは料理が__________ようになった。

食べる	読む	話す	作る	する

05 ________に、適当なひらがなを入れなさい。

(1) 日本料理はほとんどしょうゆ____味をつける。

(2) バターは牛乳____ ____作る。

(3) 東京まで行く____ ____1時間ぐらいかかる。

河童

河童

　河童という水の中に住んでいる動物を知っていますか。この動物は本当にいるかどうか、わかりません。河童は背が低く、1メートルぐらいしかありません。頭に皿があり、水が入っています。

　皿に水がある時は元気ですが、水がなくなった時には死んでしまいます。手や足にはアヒルのような水かきがあり、泳ぎが上手です。河童は皮膚の色がカメレオンのように、まわりの色と同じ色に変わります。例えば、草の中にいる時は草のような緑色に、岩の上にいる時は岩のような灰色に変わるのです。

　河童は日本人にとって身近な存在です。水泳が上手な子どもは河童のようだといいます。女の子の髪型には「おかっぱ」というのがあります。前髪を額のところで、ほかは耳の下のところで切りそろえたスタイルです。河童巻きというすしもあります。中にはキュウリが入っています。河童はキュウリが大好物なのだそうです。ことわざには「河童の川流れ」というのがあります。これは名人もときどき失敗するという意味です。

　河童はとてもいたずらが好きだそうです。みなさんも川で泳ぐ時は河童に気をつけたほうがいいですよ。

- [ ] 河童（かっぱ）
- [ ] 動物（どう・ぶつ）↔ 植物（しょく・ぶつ）
- [ ] 本当に（ほん・とうに）
- [ ] 背（せ / せい）
- [ ] 低い（ひくい）↔ 高い（たかい）
- [ ] メートル（m）meter
- [ ] 頭（あたま）
- [ ] 皿（さら）
- [ ] アヒル
- [ ] 水かき（みずかき）
- [ ] 泳ぎ（およぎ）< 泳ぐ（およぐ）
- [ ] 上手な（じょうずな）↔ 下手な（へたな）
- [ ] 皮膚（ひ・ふ）
- [ ] カメレオン chameleon
- [ ] まわり
- [ ] 草（くさ）
- [ ] 岩（いわ）
- [ ] 灰色（はい・いろ）
- [ ] 変わる（かわる）自 : 変える（かえる）他
- [ ] 〜にとって

- [ ] 身近な（み・ぢかな）
- [ ] 存在（そん・ざい）
- [ ] 水泳（すい・えい）≒ 泳ぎ
- [ ] 髪型（かみ・がた）
- [ ] 前髪（まえ・がみ）
- [ ] 額（ひたい）
- [ ] 切りそろえる
- [ ] スタイル　style
- [ ] 河童巻き（かっぱ・まき）
- [ ] 大好物（だい・こう・ぶつ）
- [ ] 大（だい）〜　大好き
　　　　　　　　　大嫌い
- [ ] ことわざ
- [ ] 流れ（ながれ）< 流れる
- [ ] 流れる（ながれる）自 : 流す（ながす）他
- [ ] 名人（めい・じん）
- [ ] 失敗する（しっ・ぱいする）
　　　↔ 成功する（せい・こう）する
- [ ] いたずら
- [ ] 気をつける

☆「上手」と「下手」

　⇨ 何かをしたり、作ったりする技術について使う。

　　　○ 私はからい料理を作るのは上手だ / 下手だ。

　　　× 私は辛い料理を食べるのは上手だ / 下手だ。

　　　○ 私はからい料理を食べるのは平気だ / 苦手だ。

☆おかっぱ頭

01

〜は 〜が ~(은)는 ~(이)가

접속 명사 + は / が

◆ 私は頭がいたい。
◆ 河童は皮膚の色が変わる。
◆ この料理は木村が作った。
◆ 電球はエジソンが発明した。

02

〜かどうか ~인지 어떤지, ~인지 아닌지

접속 보통형 + かどうか (단, な형용사,명사는 だ가 붙지 않는다)

◆ この答えが正しいかどうか、知っていますか。
◆ 山本さんが来たかどうか、わかりません。
◆ 来週のパーティーに参加するかどうか、教えてください。
◆ この近くに銀行があるかどうか、教えてください。
　➡ Lesson 04 05

03

〜のようだ ~인 것 같다(비유)

접속 명사 + のようだ

◆ 河童の足はアヒルのようだ。
◆ 河童は魚のように上手に泳ぐ。
◆ 河童の頭には皿のようなものがある。
◆ 彼は日本語が上手で、日本人のようです。
◆ 山田さんと木村さんは兄弟のように仲がいいです。
◆ あのレストランは飛行機のような形をしています。

> **cf.** 河童は魚みたいに上手に泳ぐ。
>
> 彼は背が高くて外国人みたいです。
>
> 猫みたいな犬。
>
> キムさんの顔はりんごみたいに赤いです。

04 ～た方がいい ~하는 (편)것이 좋다

> **접속** 동사의 た형 + 方がいい

◆ 道を渡る時は、車に気をつけた方がいいですよ。

◆ 試験の前にこの本を読んでおいた方がいいと思います。

◆ 渋谷で電車を降りて、タクシーに乗った方がいいです。

> **cf.** 「～ない方がいい」 ~하지 않는 것(편)이 좋다
>
> 風邪を引いてもなるべく薬を飲まない方がいいです。

05 ～のところ ~이 있는 곳

> **접속** 명사 + のところ

◆ 友だちのところへ遊びに行く。

◆ ゴミ箱はドアのところに置いてある。

◆ 耳の下のところで髪を切る。

◆ ちょっと先生のところに行ってきます。

～をしている　~(모양, 형태)를 하고 있다

- 河童はアヒルのような足をしている。
- 東京ドームはたまごのような形をしている。
- リンゴのような赤い顔をしている。

➡ Lesson 04 04

01 左の＿＿＿＿の言葉と反対の意味の言葉を＿＿＿＿に書きなさい。

> 例　＿右＿にまがる。　　↔　　＿左＿にまがる。

(1) 水泳が上手だ。　　↔　　水泳が＿＿＿＿だ。

(2) リンゴが好きだ。　　↔　　リンゴが＿＿＿＿だ。

(3) 実験に失敗した。　　↔　　実験に＿＿＿＿した。

(4) 林さんは背が高い。　　↔　　河童は背が＿＿＿＿。

02 本文を読んで、次の質問に答えなさい。

(1) 河童は手や足がどうなっていますか。

(2) 河童はどうなった時に死んでしまいますか。

(3) 河童のような子どもというのはどんな子どもですか。

(4) 河童の好きな食べ物は何ですか。

(5) 川で泳ぐ時はどうしたほうがいいですか。

03 例のように文を作りなさい。

> 例　河童は背が<u>1メートルしか</u>ありません。

(1)　私は熱が＿＿＿＿＿＿＿＿＿＿＿＿＿あります。

(2)　キリンは首が＿＿＿＿＿＿＿＿＿＿＿＿＿＿＿＿。

(3)　イタリアは国の形が＿＿＿＿＿＿＿＿＿＿＿＿。

(4)　日本語は＿＿＿＿＿＿が＿＿＿＿＿＿＿＿＿＿。

04 「ようだ」を適当な形にして、＿＿＿＿に書きなさい。

(1)　鳥の＿＿＿＿空を飛（と）びたい。

(2)　このおかしはバナナの＿＿＿＿形をしている。

(3)　あの赤ちゃんの顔は人形の＿＿＿＿、とてもかわいい。

05 例のように文を作りなさい。

> 例　おもしろいですか。　⇨　おもしろいかどうか、わかりません。

(1)　田中さんは本を買いましたか。　⇨　＿＿＿＿＿＿＿＿＿＿＿＿＿＿＿。

(2)　山下さんは元気ですか。　⇨　＿＿＿＿＿＿＿＿＿＿＿＿＿＿＿。

チャレンジ❷

1st Step

01 次の ☐ に ◯ から漢字を選んで入れ、読み方を書きなさい。(同じ記号は同じ漢字です。)

> 大　物　配　出　者　人　気

学 A	若 A	B 雨	B 好き / き
好 C	C 語	心 D	水 E
職 F	F 名	G 版	G 前
E D	F E		

02 次の言葉の読み方を書いて、それと反対の意味の言葉を漢字で書き、その読み方も書きなさい。

(1) 簡潔な ＿＿＿＿＿＿な　↔　〔　　　　　〕＿＿＿＿＿＿な

(2) 有名な ＿＿＿＿＿＿な　↔　〔　　　　　〕＿＿＿＿＿＿の

(3) 成功する ＿＿＿＿＿する　↔　〔　　　　　〕＿＿＿＿＿する

(4) 最初 ＿＿＿＿＿＿＿　↔　〔　　　　　〕＿＿＿＿＿＿＿

03 次の ＿＿＿＿＿ に例のように適当な言葉を適当な形にして入れなさい。

> **例**　部屋の電気を消そうと思いましたが、もう消えていました。

(1) 机(つくえ)の上に並べてある本は、「あいうえお」順に＿＿＿＿＿＿います。

(2) 思い出の人形を川に流しました。人形はすぐに＿＿＿＿＿＿いきました。

(3) 荷物(にもつ)をたなにのせたかったのですが、＿＿＿＿＿＿ませんでした。

(4) 病気が<u>なおる</u>まで、ゆっくり休んで＿＿＿＿＿＿ください。

(5) <u>助けよう</u>と思いましたが、＿＿＿＿＿＿ませんでした。

(6) ここに<u>落ちて</u>いた財布は、誰（だれ）が＿＿＿＿＿＿のか、わかりません。

(7) かばんの中に<u>入って</u>いる本は、私がきのう＿＿＿＿＿＿おいたものです。

(8) 紙に火を<u>つけて</u>みましたが、＿＿＿＿＿＿ませんでした。

04 漢字の使い方が正しいものはどれですか。

(1) 週間紙・週刊誌・週間詞・週刊志   (2) 入門・入問・入聞・入文

(3) 巧果・功果・交果・効果   (4) 失則・失敗・矢則・矢敗

(5) 不志議な・不思議な・不志義な・不思義な

2nd Step

01 次の文の＿＿＿＿＿＿の意味が一番近いものをそれぞれ ⓐ〜ⓓ から選びなさい。

(1) 新しい車に乗って<u>み</u>ました。

     ⓐ この映画は、めがねをかけて<u>み</u>てください。

     ⓑ ご飯を食べながら、テレビを<u>み</u>ないでください。

     ⓒ もう少しよく考えて<u>み</u>たいと思います。

     ⓓ 熱があります。ちょっと<u>み</u>てください。

(2) あのデパートに<u>見える</u>たてものが、駅です。

     ⓐ あのデパートから、駅が<u>見え</u>ます。

     ⓑ あの人は女性に<u>見え</u>ますが、本当は男性です。

     ⓒ 目がいい花子さんは、遠くの字がよく<u>見え</u>ます。

     ⓓ よく<u>見える</u>場所に書いてください。

02 次の二つの文を、だいたい同じ意味の一つの文にしなさい。

(1) 子どもはよくマンガを読みます。しかし、最近は大人も読みます。

→ 最近は子ども＿＿＿＿＿＿＿＿＿＿＿＿＿＿＿＿＿マンガを読みます。

(2) 私は来年大学に入るつもりです。そのために毎日勉強しています。

→ 私は来年大学に＿＿＿＿＿＿＿＿＿＿＿＿毎日勉強しています。

(3) 大阪へ行きます。3時間ぐらいかかります。

→ 大阪へ＿＿＿＿＿＿3時間ぐらいかかります。

03 ＿＿＿＿＿に、〔いく・くる・しまう・おく・みる〕を適当な形にして入れなさい。
(同じものは2度使えません。)

(1) 友だちが来る前に、部屋の掃除をして＿＿＿＿＿と思います。

(2) だんだん暗くなって＿＿＿＿＿ました。そろそろ帰ります。

(3) 新しい機械を一度使って＿＿＿＿＿ください。

(4) これから、日本語の言葉を一つ一つ覚えて＿＿＿＿＿つもりです。

(5) ケーキは全部食べて＿＿＿＿＿、もうありません。

04 次の文はそれぞれ一か所まちがっています。その部分を正しく直しなさい。

(1) 田中さんはすしが食べたがっている。→ ＿＿＿＿＿＿＿＿＿＿

(2) 中村さんは子どものみたいだ。→ ＿＿＿＿＿＿＿＿＿＿

(3) 服を着たままに、寝てしまった。→ ＿＿＿＿＿＿＿＿＿＿

(4) テーブルの上においしいそうなケーキがある。→ ＿＿＿＿＿＿＿＿＿＿

(5) 山田先生は生徒が考えていることをよくわかるそうだ。→ ＿＿＿＿＿＿＿＿＿＿

(6) 西村さんは中国語の本が読められる。→ ＿＿＿＿＿＿＿＿＿＿

(7) 大川さんへ遊びに行く。→ ＿＿＿＿＿＿＿＿＿＿

(8) 全部で五百円しか持っている。→ ＿＿＿＿＿＿＿＿＿＿

(9) 天気予報によって、あしたは雨が降るそうだ。→ ＿＿＿＿＿＿＿＿＿＿

(10) 野口先生は有名の音楽家だ。→ ＿＿＿＿＿＿＿＿＿＿

05 ＿＿＿＿に適当なひらがなを一つずつ、入れなさい。

(1) 豆腐 ＿＿＿ 大豆 ＿＿＿ ＿＿＿ 作る。

(2) 私 ＿＿＿ スキー ＿＿＿ できるよう ＿＿＿ なりたい。

(3) 先生 ＿＿＿ 奥さんは、おなか ＿＿＿ 痛いそうだ。

(4) 留学 ＿＿＿ 必要 ＿＿＿ お金 ＿＿＿ ほしい。

(5) 東京 ＿＿＿ 人口 ＿＿＿ 日本 ＿＿＿ 人口 ＿＿＿ 約10パーセント ＿＿＿ 占めている。

(6) 清作 ＿＿＿ やけど ＿＿＿ 左手 ＿＿＿ 指 ＿＿＿ 全部くっついていた。

(7) 最近、大学 ＿＿＿ ＿＿＿ 入学案内 ＿＿＿ マンガ ＿＿＿ 取り入れている。

(8) 私は母 ＿＿＿ 会い ＿＿＿ 、妹 ＿＿＿ 中国 ＿＿＿ 渡った。

06 〔 　 〕の中から適当な語句を選びなさい。

(1) 黄熱病に〔かけて・かかって・して・あって〕高い熱が出た。

(2) 薬が〔飲んで・はたらいて・きいて・とって〕元気になった。

(3) 研究のために、世界中を〔通った・入った・まわった・渡った〕。

(4) 親に〔とって・よって・よると・して〕子どもが一番かわいい。

3rd Step

01 次の会話を完成しなさい。

(1) A：テレビや雑誌にもよく出ていますが、あの先月＿＿＿＿＿＿ばかりの、

　　　　船の＿＿＿＿形を＿＿＿＿＿レストランの料理はおいしい＿＿＿＿＿ですね。

　　B：ええ、私は先週＿＿＿＿＿ました。おいしかったですよ。

　　A：そうですか。私も一度＿＿＿＿＿＿ですね。

(2) A：あ、窓を＿＿＿＿＿まま、出かけないでください。

　　B：すみません。

　　A：出かける時は、窓は＿＿＿＿＿＿方がいいですよ。

　　　　梅雨時（つゆどき）はいつ雨が＿＿＿＿＿＿、わかりません。

(3) A：これはくさいですね。私には＿＿＿＿＿＿にありません。

　　B：これは納豆（なっとう）と＿＿＿＿＿＿食べ物です。刺身（さしみ）はどうですか。

　　A：だいじょうぶ です。刺身（さしみ）は＿＿＿＿＿なりました。

　　B：どこで食べたんですか。

　　A：友だち＿＿＿＿＿＿へ行った時、食べました。

4th Step

01 次の言葉の意味を調べ、同じグループに分けなさい。

> 例　「手」のつく言葉
> 　　　手足・歌手（かしゅ）・手作り・助手（じょしゅ）　→　〔手足・手作り〕、〔歌手・助手〕

(1) 「信」のつく言葉
　　信号・通信（つうしん）・信用（しんよう）・信頼（しんらい）・自信（じしん）　→　＿＿＿＿＿＿＿＿＿＿＿＿＿＿＿

(2) 「世」のつく言葉

世界・世間・世相・世代・世紀　→ _______________

(3) 「辞」のつく言葉

辞典・辞書・祝辞・辞任・辞退　→ _______________

(4) 「気」のつく言葉

人気・空気・気分・気候・天気・気配　→ _______________

(5) 「原」のつく言葉

原因・原理・原作・草原・高原　→ _______________

02 次の質問に答えなさい。

(1) あなたの予定や計画を「～う / よう」と使って書きなさい。

(2) あなたができることと、できないことを書きなさい。

(3) あなたの友だちについて、「Aさんは、Bのような〔顔・目・足など〕をしています。」という文を作りなさい。

(4) 「～そうだ」を使って、人から聞いたことを書きなさい。

寄席

寄席

　寄席というのは落語、漫才、曲芸などを見せる演芸場で、年配の人はたいてい一度は行ったことがあります。江戸時代から、多くの日本人が笑いを求めて寄席に通ったものです。

　寄席の演芸の中では、漫才が一番新しく、昭和になってから、寄席に登場するようになりました。漫才は、二人の漫才師が舞台に立って、おもしろい会話をします。これは、もともとお祝いの席の演芸でしたが、それが変化してきたものです。

　落語は、漫才よりもずっと古く、伝統があります。寄席は落語を見せるためにできたものです。落語家は、舞台に置いた座ぶとんの上に座って、二人以上の人物の会話を一人で演じます。町に住んでいる人々の日常生活を取り上げて、おもしろい話にしたものが多いです。

　最近、寄席は以前ほど多くなくなりました。今の若い人には、漫才のほうが落語より人気があります。それで、テレビで放送するのは、漫才のほうが多く、若い人の話し方にも影響を与えています。しかし、落語の人情味のあるユーモアにもまだまだ根強いファンがいます。

☐ 寄席（よせ）
☐ 落語（らく・ご）
　　〜家（か）　音楽家（おん・がく・か）
☐ 漫才（まん・ざい）
　　〜師（し）　医師（い・し）
☐ 曲芸（きょく・げい）
☐ 見せる
☐ 演芸（えん・げい）
　　〜場（じょう）
　　運動場（うん・どう・じょう）
☐ 年配（ねん・ぱい）
☐ 笑い（わらい）＜ 笑う（わらう）
☐ 求める（もとめる）
☐ 通う（かよう）
☐ 昭和（しょう・わ）
☐ 登場する（とう・じょうする）
☐ 舞台（ぶ・たい）
☐ 祝い（いわい）＜ 祝う
　　〜の席（せき）　祝いの席
　　　　　　　　酒の席
☐ 変化する（へん・かする）
☐ 座ぶとん（ざぶとん）
☐ 以上（い・じょう）↔ 以下（い・か）
☐ 人物（じん・ぶつ）
☐ 演じる（えんじる）
☐ 日常（にち・じょう）
☐ とりあげる
☐ 以前（い・ぜん）↔ 以後（い・ご）
☐ 放送する（ほう・そうする）
☐ 影響（えい・きょう）
☐ 影響を与える（あたえる）≒ 影響する
☐ 人情味（にん・じょう・み）人情味がある

☐ ユーモア humour
☐ 根強い（ね・づよい）
☐ ファン fan

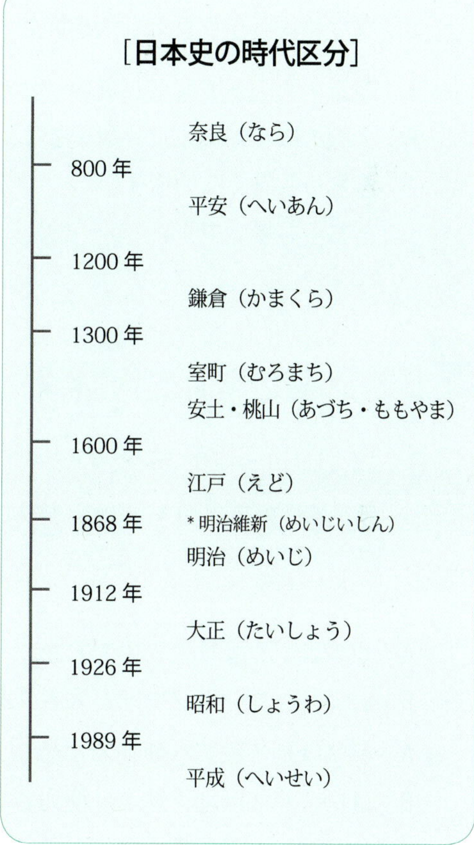

01

A： ～と～と、どちらが ～ですか　~과 ~중에서 어느 쪽이 ~입니까? (양자택일의 질문)

B： ～の方<ruby>方<rt>ほう</rt></ruby>が ～より ～です　~쪽이 ~보다 ~입니다 (양자 중 한 쪽을 선택)

◆ ゾウはウシより大きい。

　A：ゾウとウシと(では)、どちらが大きいですか。

　B：ゾウのほうがウシより大きいです。

◆ A：東京と大阪とどちらが暑いですか。

　B：大阪のほうが東京より暑いです。

　　どちらも暑くないです。

　　どちらも暑いです。

02

A： ～は ～より ～ですか　~는 ~보다 ~입니까?

B： はい、～は ～より ～です　네, ~는 ~보다 ~입니다

　　いいえ、～は ～ほど ～ません　아니요, ~는 ~만큼 ~지 않습니다

◆ A：ウシはゾウより大きいですか。

　B：いいえ、ウシはゾウほど大きくありません。

◆ A：バスは地下鉄より便利ですか。

　B：はい、バスは地下鉄より便利です。

　　いいえ、バスは地下鉄ほど便利ではありません。

A : ～と～と～の中で、どれが一番 ～ですか
~과 ~과 ~ 중에서 어느 것이 가장 ~입니까?

B : ～が一番～です　~가 가장 ~입니다.

　　～では、～が一番～です　~중에서는 ~가 가장 ~입니다

◆ A : ゾウとウシとネコの中で、どれが一番大きいですか。
　 B : ゾウが一番大きいです。

◆ 動物では、クジラが一番大きい。

　 cf. クジラほど大きい動物はいない。

◆ A : コーヒーと紅茶と牛乳の中で、どれが一番好きですか。
　 B : 牛乳が一番好きです。

◆ A : キムさんと木村さんと山田さんの中で、だれが一番ゲームが下手ですか。
　 B : キムさんが一番ゲームが下手です。

◆ 木村さんはスポーツではサッカーが一番上手です。

　　～よりも　~보다도　　cf. ～も　~이나

接続 명사 + よりも / 수사 + も

◆ クジラはゾウよりも大きい。
◆ 落語は漫才よりもずっと古い。
◆ オートバイは車よりも危ないです。

　 cf. 落語は200年以上も前から人気がある。

　　　昨日は道が混んでいて、家まで3時間もかかりました。

～は　~(은)는

접속 **수사 + は**

◆ 一人前のすし職人になるには10年はかかる。
◆ 寄席に一度は行ってみたい。
◆ ここから北海道まで飛行機で3時間はかかりますよ。

～たものだ　~하곤 했다

접속 **동사의 た형 + ものだ**

◆ 子どものころ、よく絵をかいたものだ。

　　cf. この絵は、子どものころにかいたものだ。(구체적인 물건)

◆ 若いころは夫婦げんかをよくしたものだ。
◆ 子どものころは、寝る前に母がよく絵本を読んでくれたものだ。

～たことがある　~(한) 적이 있다

접속 **동사의 た형 + ことがある**

◆ パリへ行ったことがある。
◆ 能を見たことがありますか。
◆ まだ日本語のテストを受けたことがありません。

　➡ Lesson 05 06

01 ◯から言葉を選び、適当な形にして________に書きなさい。

(1) 山本さんは電車で会社に______________。

(2) 日本の伝統を______________、京都へ行きました。

(3) アメリカは日本に強い影響を______________。

(4) 山川さんは日本の伝統芸術を______________、話をしました。

> 求める　　　　通う　　　　とりあげる　　　　与える

02 本文と同じ内容のものに◯、違うものに×をつけなさい。

(1) （　　　）寄席の演芸の中では、曲芸が一番新しいです。

(2) （　　　）若者には落語の方が漫才より人気があります。

(3) （　　　）漫才は落語ほど古くありません。

(4) （　　　）寄席に行く人は以前ほど少なくありません。

03 本文を読んで、次の質問に答えなさい。

(1) 寄席というのは、どんなところですか。

(2) 漫才師というのは、どんなことをする人ですか。

(3) 落語というのは、どんなものですか。

(4) 落語のファンは落語のどんなところがいいと思っていますか。

04 次の会話を完成しなさい。

(1) Q：飛行機と電車と車の中で、＿＿＿＿＿＿＿＿＿＿＿＿＿＿か。

A：飛行機が一番速いです。

(2) Q：京都は大阪より人口が多いですか。

A：いいえ、京都は＿＿＿＿＿＿＿＿＿＿＿＿＿＿＿＿。

(3) Q：太陽と月とでは、＿＿＿＿＿＿＿＿＿＿＿＿＿か。

A：太陽のほうが月より大きいです。

05 次の文を完成しなさい。

(1) 私は電車の中でときどき＿＿＿＿＿＿＿＿＿＿＿ことがあります。

(2) 私たち夫婦は以前よく＿＿＿＿＿＿＿＿＿＿＿ものです。

(3) 私は一度富士山に＿＿＿＿＿＿＿＿＿＿＿ことがあります。

睡眠

睡眠

　動物の中には寝ている時間のほうが起きている時間より長いものが多い。パンダやコアラは一日４時間ぐらいしか活動せずに寝てばかりいる。「睡眠時間が長いのは動物に近く、神に近くなると、人間は眠らなくてもよくなる。」と考えた人もいるが、実際に眠らずにいようとして成功した人はいない。最高記録は114時間だそうである。つまり、人間は5日以上眠らずにいることはできないのである。

　ところが、「不眠症で悩んでいる。」と言う人が多い。調べてみると、そういう人はたいてい寝つきが悪く、寝てから眠るまで時間がかかるだけで、本当は睡眠時間は十分なことが多い。眠りのリズムが狂ってしまっていて、早く眠りたい、眠らなければならないと思うけれども、ますます眠れなくなり、自分が不眠症だと思い込んでしまうのである。

　薬を飲んでもいいし、酒を飲んでもかまわないが、続けると、やめられなくなる。それでは、眠るにはどうしたらいいのか。心を静かにして、眠りを待たなければならない。あせってはいけないのである。

※ 参考資料：新福尚武『睡眠と人間』

☐ 睡眠（すい・みん）

☐ 寝る（ねる）

☐ 起きる（おきる）自 ： 起こす 他

☐ パンダ〔動物の名前〕

☐ コアラ〔動物の名前〕

☐ 活動する（かつ・どうする）

☐ 神（かみ）

☐ 眠る（ねむる）

☐ 考える（かんがえる）

☐ 実際（じっ・さい）

☐ 最高（さい・こう）↔ 最低（さい・てい）

☐ 記録（き・ろく）

☐ つまり

☐ ところが

☐ 不眠症（ふ・みん・しょう）

☐ 悩む（なやむ）＞ 悩み

☐ 寝つき（ねつき）＜ 寝つく

☐ 悪い（わるい）↔ いい

☐ 十分な（じゅう・ぶんな）↔ 不十分な

☐ 眠り（ねむり）＜ 眠る

☐ リズム　rhythm

☐ 狂う（くるう）

☐ ますます

☐ 思い込む（おもいこむ）

☐ 酒（さけ）

☐ 続ける（つづける）他 ： 続く（つづく）自

☐ やめる

☐ 心（こころ）

☐ 静かな（しずかな）

☐ 待つ（まつ）

☐ あせる

☆ 会話表現について

「〜てはいけない」は次のようになることがある。

> 例 行ってはいけない　　　⇨　行っちゃいけない
>
> 　　飲んではいけない　　　⇨　飲んじゃいけない
>
> 　　　　　　　　　　　　　⇨　飲んじゃだめ

「〜なければならない」は次のようになることがある。

> 例 勉強しなければならない　⇨　勉強しなきゃならない
>
> 　　　　　　　　　　　　　　　勉強しなきゃ

☆ 「〜なくて」と「〜ずに」……「ずに」は形容詞には使えない。

> ○ かさをささなくて、ぬれてしまった。〔ぬれた原因〕
>
> × かさをささなくて、雨の中を歩いた。
>
> ○ かさをささずに、雨の中を歩いた。　〔歩いた状態〕

01

〜てもいい　〜해도 좋다(된다)

〜てもかまわない　〜해도 상관없다

接続　명사・な형용사의 어간 + でもいい / でもかまわない
い형용사의 어간 + くてもいい / くてもかまわない
동사의 て형 + もいい / もかまわない

◆ A：このパソコンを使ってもいいですか。

　B：はい、使ってもかまいません。

◆ 日本語が下手でもいいですか。

◆ 少し高くてもいいですか。

◆ 夜遅く電話してもいいですか。

02

〜てはいけない　〜(하)면 안 된다, 〜해서는 안 된다

接続　명사・な형용사의 어간 + ではいけない
い형용사의 어간 + くてはいけない
동사의 て형 + はいけない

◆ A：ここでたばこをすってもいいですか。

　B：いいえ、すってはいけません。

◆ 部屋が暗くてはいけません。

◆ 嘘をついてはいけません。

03

〜なければならない　〜(하)지 않으면 안 된다

接続　동사의 ない형 + なければならない

◆ A：薬を飲まなくてもいいですか。

　B：いいえ、飲まなければなりません。

◆ 目上の人にはかならず敬語を使わなければなりません。
◆ もっと熱心に勉強しなくてはいけません。

～たらいい　~(하)면 좋다(된다)

접속 동사의 た형 + ら いい

◆ その本がほしいのですが、どこで買ったらいいですか。
◆ 漢字を覚えるには、どうしたらいいですか。
◆ パソコンの使い方はだれに聞いたらいいですか。

～(よ)うとする　~(하)려고 하다

접속 동사의 의지형 + (よ)うとする

◆ うちへ帰ろうとした時、雨が降ってきた。
◆ 窓をあけようとしたが、あかなかった。
◆ 寝ようとしたが、寝られませんでした。
◆ 家を出ようとした時、電話のベルが鳴った。

～と　~(하)면

접속 동사・い형용사의 기본형 + と / 명사・な형용사 어간 + だと

◆ 薬を続けると、やめられなくなる。
◆ 冬になると、寒くなる。
◆ 夜になると、暗くなります。
◆ 台風が来ると、たいてい大雨が降ります。
◆ 風邪薬を飲むと、眠くなります。

〜ず(に) / 〜ないで ~(하)지 않고

접속 동사의 ない형 + ず(に)（단, する → せずに）

◆ 切手をはらずに、手紙を出した。

◆ 勉強をせずに、試験をうけた。(×勉強しずに)

◆ 何も食べずに、学校へ行った。

cf. 何も食べないで、学校へ行った。

〜てばかりいる ~(하)기만 한다

접속 동사의 て형 + ばかりいる

◆ コアラは寝てばかりいる。

◆ 遊んでばかりいて、試験に落ちた。

◆ 座ってばかりいないで、たまには運動しなさい。

➡ Lesson 06 06 ・ Lesson 07 06

〜し ~(하)고, ~(한)데다

접속 보통형・정중형 + し

◆ 山田さんはスキーも上手だし、野球も上手だ。

◆ 行ってもいいし、行かなくもいい。

◆ この店は料理もおいしいし、雰囲気もいいです。

◆ あの子は英語も上手だし、歌も上手です。

◆ あの会社はボーナスもいいし、休みも長いです。

01 左の言葉の説明で、適当なものを線で結びなさい。

(1) あせる　・　　　　　　・　眠ること

(2) 成功　　・　　　　　　・　それよりも多いこと

(3) 以上　　・　　　　　　・　一番高いこと、一番いいこと

(4) 睡眠　　・　　　　　　・　早く何かしようとして落ち着かないこと

(5) 最高　　・　　　　　　・　しようとしたことがうまくできたこと

02 本文を読んで、次の質問に答えなさい。

(1) 人間は何日ぐらい眠らずにいることができますか。

(2) 本当に眠れない病気の人が多いのですか。

(3) どういう人が自分は不眠症だと思うのですか。

(4) 毎日薬を飲むと、どうなりますか。

03 次の文を完成しなさい。

(1) 手紙を書かなくてもかまいませんが、＿＿＿＿＿＿＿＿＿＿なければなりません。

(2) お酒を飲んでもかまいませんが、＿＿＿＿＿＿＿＿＿＿てはいけません。

(3) たくさん食べると＿＿＿＿＿＿＿＿＿＿＿＿＿＿＿＿＿。

(4) 春になると、＿＿＿＿＿＿＿＿＿＿＿＿＿＿＿＿＿＿。

(5) かばんに本を入れようとしましたが、＿＿＿＿＿＿＿＿＿＿＿＿。

04 二つの文を一つにしなさい。

(1) くつをぬぎませんでした。部屋に入りました。　　　　　〔～ずに〕

→ ＿＿＿＿＿＿＿＿＿＿＿＿＿＿＿＿＿＿＿＿＿＿＿＿。

(2) 刺身が食べられます。納豆も食べられます。　　　　　〔～し、〕

→ ＿＿＿＿＿＿＿＿＿＿＿＿＿＿＿＿＿＿＿＿＿＿＿＿。

(3) 子どもはずっと泣いています。何も言いません。　　　　〔ばかり〕

→ ＿＿＿＿＿＿＿＿＿＿＿＿＿＿＿＿＿＿＿＿＿＿＿＿。

05 〔　　〕の言葉を適当な形のして、＿＿＿＿＿＿に書きなさい。

(1) 電車に＿＿＿＿＿＿＿＿＿とした時、ドアが閉まりました。　　〔乗る〕

(2) 図書館へはどう＿＿＿＿＿＿＿＿＿いいですか。　　　　　〔行く〕

(3) 試験の時、辞書を＿＿＿＿＿＿＿＿＿いけません。　　　　〔使う〕

(4) 会社に電話を＿＿＿＿＿＿＿＿＿なりません。　　　　　〔かける〕

経済発展

経済発展

　映画は戦後、日本人の大きな娯楽の一つであった。特に、アメリカ映画の中には冷蔵庫、洗濯機、テレビ、車などの便利な品物がたくさん出てきた。そのころの日本人は貧しかったので、映画の中の生活は夢のようだった。

　ところが、今ではこのような品物は少しも珍しくなくなってしまった。どうしてこうなったのか。それは日本人の所得が増えたからである。しかし、それだけではない。もう一つ重要なことは大量生産ができるようになったからである。

　統計によると、昭和30年代初めのころ、14インチの白黒テレビの値段はサラリーマンの平均給与の数か月分だった。給与が10倍以上になった現在、20インチ以上あるカラーテレビも当時の白黒テレビの数分の一ぐらいの値段で買えるのである。つまり、所得と比べて品物の値段がずっと安くなったのである。

　工業化が進んだ国では生産効率が上がり、製品の値段が安くなる。だが、発展途上国では労働賃金は安いのに、技術や生産効率が低いために、製品の値段がなかなか安くならない。生活が豊かになるには所得の増加とともに、労働生産性の向上が必要なのである。

- 戦後（せん・ご）↔ 戦前（せん・ぜん）
- 娯楽（ご・らく）
- 冷蔵庫（れい・ぞう・こ）
- 洗濯機（せん・たく・き）
- 品物（しな・もの）
- 貧しい（まずしい）↔ 豊かな（ゆたかな）
- 珍しい（めずらしい）
- 所得（しょ・とく）
- 増える（ふえる）↔ 減る（へる）［自］
  増やす（ふやす）↔ 減らす［他］
- 重要な（じゅう・ような）
- 大量（たい・りょう）
  ↔ 少量（しょう・りょう）
- 生産（せい・さん）↔ 消費（しょう・ひ）
- 値段（ね・だん）
- 統計（とう・けい）
- ～年代（ねん・だい）
- インチ　inch
- サラリーマン
- 平均（へい・きん）
- 給与（きゅう・よ）

- ～分（ぶん）　一年分
  　　　　　　　一人分
- ～倍（ばい）↔ ～分の一
- カラーテレビ
- 当時（とう・じ）➡ 当日・Lesson 02
- 比べる（くらべる）
- 工業（こう・ぎょう）
  ～化（か）　機械化（き・かい・か）
  　　　　　　近代化（きん・だい・か）
- 進む（すすむ）
- 効率（こう・りつ）
- 発展（はっ・てん）
- 途上（と・じょう）
- 労働（ろう・どう）
- 賃金（ちん・ぎん）
- 増加（ぞう・か）
- ともに
- ～性　生産性
  　　　可能性（か・のう・せい）
- 向上（こう・じょう）

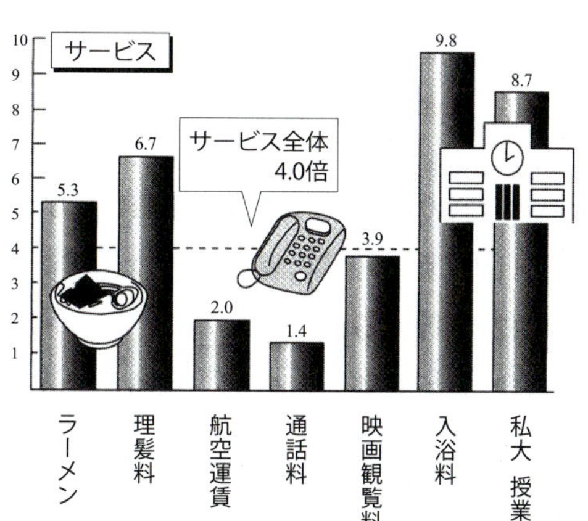

[読売新聞1999年11月19日付朝刊より]

01 ～ので ~(하)기 때문에

접속 보통형・정중형 + ので
⇨ 단, 명사・な형용사의 현재 긍정문은 「명사・な형용사의 어간 + ～なので」로 한다.

◆ かぜをひいたので、頭が痛い。

◆ 試験があるので、図書館で勉強した。

◆ 来月帰国するので、お土産を買います。

◆ アメリカに5年間いたので、英語はできます。

◆ 食欲がないので、あまり食べたくありません。

◆ 先週とても忙しかったので、忘れました。

02 ～のに ~(ㄴ)데도 불구하고

접속 보통형 + のに
⇨ 단, 명사, な형용사의 현재 긍정문은 「명사・な형용사의 어간 + ～なのに」로 한다.

◆ 薬を飲んだのに、病気がよくならない。

◆ 8月なのに、あまり暑くない。

◆ 山田さんは日本語の先生なのに、あまり漢字が書けません。

◆ 課長はお酒が好きなのに、最近はあまり飲みに行きません。

03 ～から ~해서, ~니까

접속 보통형・정중형 + から

◆ かぜをひいたから、薬を買って来てください。

◆ 英語を勉強したいから、アメリカへ行こうと思う。

◆ 事故があったから、気をつけてください。

どうして～ですか　어째서(왜) ~한 것입니까?
どうして～のか、　어째서(왜) ~한 것인지

접속 보통형 + のですか
⇨ 단, 명사, な형용사의 현재 긍정문은 「명사・な형용사의 어간 + なのですか」로 한다.

◆ どうして学校を休んだのですか。
◆ どうして小林さんが来なかったのか、知っていますか。
◆ どうしてゴルフに行かなかったのですか。
◆ どうして顔色が悪いのか、聞いてください。

～のは、～からだ　~(한) 것은 ~(하)기 때문이다

접속 보통형 + のは、보통형 + からだ

◆ 学校を休んだのは、かぜをひいたからだ。
◆ アメリカへ行くのは、英語が勉強したいからだ。
◆ A：どうして学校を休んだんですか。
　B：(休んだのは)頭が痛かったからです。

～ため(に)　~기 때문에 〈원인〉

접속 명사 수식형 + ため(に)

◆ けがをしたために、一週間入院した。
◆ 台風のために、電車が止まった。
◆ 車が急に増えたために、交通事故が急増しました。
◆ 大雨のために、飛行機に乗れなかった。

➡ Lesson 08 07

～のような　~처럼, ~같은 〈비유〉

접속 명사 + のような + 명사

◆ チョコレートのようなあまいものが食べたい。
◆ テレビやステレオのようなものが安くなった。
◆ りんごのような果物をたくさん食べるときれいになります。
  ➡ Lesson 10 03

～と比べて　~와/과 비교해서
～と～(と)を比べると　~와/과 ~을/를 비교하자면

접속 명사 + と比べて / 명사と + 명사(と)を比べると

◆ 東京は大阪と比べて人口が多い。

 cf. 東京と大阪(と)を比べると、東京の方が人口が多い。

◆ 東京と北海道を比べると、北海道の方が寒いです。

なかなか～ない　좀처럼(그다지) ~(하)지 않다

접속 なかなか + 부정표현

◆ なかなか漢字が覚えられない。
◆ 値段がなかなか安くならない
◆ 忙しくてなかなか映画も見られません。

01 次の説明に合う言葉を▢から選んで（　　）に入れなさい。

(1) 働いて、もらうお金　　　　　　　　　　　　（　　　　　　）

(2) 何か見たり、聞いたりして楽しむこと　　　　（　　　　　　）

(3) 売るために作ったもの　　　　　　　　　　　（　　　　　　）

(4) 品物を作ること　　　　　　　　　　　　　　（　　　　　　）

(5) もっと上の階段に進むこと　　　　　　　　　（　　　　　　）

生産　　　　発展　　　　娯楽　　　　製品　　　　賃金

02 本文を読んで、日本人がいろいろな品物が買えるようになった理由を二つ書きなさい。

(1)

(2)

03 本文と同じ内容のものに〇、違うものに×をつけなさい。

(1) （　　　）戦後の日本人にはアメリカ映画の生活は夢のようだった。

(2) （　　　）日本が品物を安く作ることができるのは、賃金が安いからだ。

(3) （　　　）大量生産をすると、品物の値段は安くなる。

(4) （　　　）工業化が進むと、生産効率が上がる。

(5) （　　　）発展途上国は、何でも安く生産することができる。

04 次の文を完成しなさい。

(1) 時間がないから、＿＿＿＿＿＿＿＿＿＿＿＿＿＿＿＿＿＿＿＿＿＿。

(2) かぜをひいて、＿＿＿＿＿＿＿＿＿＿＿＿＿＿＿＿＿＿＿＿＿＿＿。

(3) 日本語は英語と比べて＿＿＿＿＿＿＿＿＿が＿＿＿＿＿＿＿＿＿＿＿＿＿。

05 次の文の＿＿＿＿を正しい日本語にしなさい。

(1) 約束の時間に遅れたのは、道がこんでいてからです。

(2) 旅行するお金がなくて、アルバイトをしようと思っています。

(3) よく勉強したのに、試験に受かりました。

地震

地震

　日本は世界の中で地震が多い国の一つです。1923年9月1日に関東地方で大地震があり、10万人もの人が亡くなりました。こんなにも多くの人が亡くなったのは、地震よりも地震のあとに起こった火災が原因でした。そこで、このような悲劇をくり返さないように、9月1日を「防災の日」にして、地震やそのあとの災害に注意するように呼びかけています。

　テレビやラジオでは、地震が起こると、すぐに地震情報を流して、各地の地震の強さや震源地などを知らせます。しかし、前もってどのぐらいの強さの地震が、いつ、どこで、起こるかを知らせることは、なかなか難しいことです。

　現在、東海地方や南関東を中心にして、近い将来大地震が起こるかもしれないという心配があります。そのため国や大学などの研究機関が協力して、地震予知のための研究や観測を行っています。地震の起こる前には、地下水の量が変化したり、動物が異常な行動をしたりすることがあるようです。ところが、こうしたことが起こっても、地震に結びつかないこともあり、地震との関係を判断することは難しいそうです。しかし、さらに研究や観測が進んでいけば、地震の予知率も少しずつ向上していくことは間違いないでしょう。

新しい語句

- □ 起こる 自 ＝ 起きる 自 ：起こす 他
- □ 火災 （か・さい）　火事の災害
  - 〜災 ＝ 災害　火災
  - 震災 （しん・さい）
- □ 悲劇 （ひ・げき）　↔　喜劇 （き・げき）
- □ くり返す
- □ 防災 （ぼう・さい）
  - 防〜　防火 （ぼう・か）
  - 防水 （ぼう・すい）
- □ 災害 （さい・がい）
- □ 注意する （ちゅう・いする）
- □ 呼びかける
- □ 情報 （じょう・ほう）
- □ 前もって
- □ 知らせる
- □ 将来 （しょう・らい）

- □ 機関 （き・かん）
- □ 協力する （きょう・りょくする）
- □ 予知 （よ・ち）　前もって知らせる
- □ 観測 （かん・そく）
- □ 行う （おこなう）
- □ 地下水 （ち・か・すい）
- □ 量 （りょう）
- □ 異常な （い・じょうな）
  - ↔　正常な （せい・じょうな）
- □ 行動 （こう・どう）
- □ 結びつく （むすびつく）
- □ 判断する （はん・だんする）
- □ 〜率 （りつ）　予知率 （よ・ち・りつ）
  - 成功率 （せい・こう・りつ）
- □ 間違いない （ま・ちがいない）

● 地震に関係のある言葉

- □ 地震 （じ・しん）
- □ 震災 （しん・さい）

- □ 地震予知 （じ・しん・よ・ち）
- □ 震源地 （しん・げん・ち）

● 地方名

- □ 関東地方 （かん・とう・ち・ほう）
- □ 東海地方 （とう・かい・ち・ほう）

01 〜ように　~하도록

接続 동사의 사전형・동사의 ない형 + ように

◆ 先生は「もっと勉強しなさい。」と言った。
　⇨ 先生はもっと勉強するように言った。
◆ 兄は私に「交通事故に気をつけなさい。」と注意した。
　⇨ 兄は私に 交通事故に気をつけるように注意した。
◆ 地震やそのあとの災害に注意するように呼びかけている。
◆ 健康のために、たばこをやめるようにしましょう。
◆ あまり無理しないように気をつけてください。
　➡ Lesson 20 08

02 〜かもしれない　~(ㄹ) 지도 모른다

接続 보통형(な형용사의 어간・명사) + かもしれない

◆ 来月兄はアメリカへ行くかもしれない。
◆ 近い将来、大地震が起こるかもしれないという心配がある。
◆ あの人は幼稚園の先生かもしれません。
◆ 鈴木さんはケーキが嫌いかもしれません。
◆ この店の方がもっと安いかもしれません。
◆ 明日雨が降るかもしれません。

03 〜ようだ　~(인) 것 같다, ~인 모양이다

接続 명사 수식형 + ようだ

◆ 犬がうれしそうに鳴いている。父が帰って来たようだ。
◆ 地震の前には、動物が異常な行動をすることがあるようだ。
◆ 目が赤いですよ。疲れているようですね。

〜だろう / でしょう ~(일) 것이다, ~(일) 것입니다

접속 보통형(な형용사의 어간・명사) + だろう / でしょう

◆ 中野さんが帰国するのは、たぶん来年の春ごろだろう。/ でしょう。

◆ 荷物がないから、もう林さんは帰って来ないだろう。/ でしょう。

◆ 土曜日もたぶんいい天気だろう。

◆ 日本も今年の冬は寒いでしょう。

◆ 林さんはお酒なら何でも好きだろう。

◆ 雨が降りそうなので、かさをもって行った方がいいでしょう。

〜ば ~(하)면

접속 い형용사의 어간 + ければ ⇨ 暑い→暑ければ　ない→なければ　単, いい→よければ
　　な형용사의 어간 + なら(ば) ⇨ 新鮮だ→新鮮なら(ば)
　　명사 + なら(ば) ⇨ コーヒー → コーヒーなら(ば)

◆ この薬を飲めば、はやくよくなるだろう。

◆ 辞書で調べてみれば、すぐにわかるだろう。

◆ 科学が進歩すれば、私たちの生活は便利になるだろう。

◆ 春が来れば、花が咲く。

◆ 天気がよければ行きますが、よくなければ行きません。

◆ 説明書をよく読めば、わかります。

◆ 明日は何時に来ればいいですか。

◆ レポートはいつまでに出せばいいですか。

～ても(でも)　~(하)더라도, ~(할)지라도

◆ 中田さんは何回話しても、よく理解できないようだ。

◆ 地下水の量が変化しても、地震が起きないことがある。

◆ 一生懸命仕事しても、給料は上がりません。

◆ いくら安くても買いません。

◆ 嫌でもしなければなりません。

◆ そんなことは子供でもわかります。

01 左の言葉の意味の説明で、適当なものを線で結びなさい。

(1) 向上する　・　　　　　　・　注意するようにほかの人に言う

(2) 情報　　　・　　　　　　・　人々の間に広く知らせる

(3) 呼びかける　・　　　　　・　ふつうでない、どこか違った

(4) 流す　　　・　　　　　　・　いい方向に向かう

(5) 異常な　　・　　　　　　・　適当な判断をするために必要な知識

02 本文と同じ内容のものに○、違うものに×をつけなさい。

(1) (　　　　) 日本は世界で一番地震が多い国である。

(2) (　　　　) 地震だけではなく、地震のあとの災害にも注意が必要だ。

(3) (　　　　) 地震が起こっても、たくさん情報があり、安心だ。

(4) (　　　　) 日本では地震予知がよくできる。

(5) (　　　　) 動物の異常な行動は、地震とは関係ない。

03 本文を読んで、次の質問に答えなさい。

(1)「そのため国や大学……」と「地震予知のため」の「〜ため」の意味は、どう違いますか。

(2) 「災害に注意する<u>よう</u>に」と「行動をしたりすることがある<u>よう</u>です」の
　　「〜よう」と使い方が同じものを、それぞれ◯◯から選びなさい。

> ① あのお菓子は飛ぶ<u>よう</u>に売れた。
>
> ② 料理が上手に作れる<u>よう</u>になった。
>
> ③ 朝早く来る<u>よう</u>に頼んだ。
>
> ④ 少しつかれている<u>よう</u>ですね。
>
> ⑤ スキーの<u>よう</u>な冬のスポーツが好きだ。

04 次の文を完成しなさい。

(1) お金があれば、何でも＿＿＿＿＿＿＿＿＿＿＿＿＿＿＿＿＿＿＿＿＿＿＿。

(2) ゆっくり話せば、たぶん＿＿＿＿＿＿＿＿＿＿＿＿＿＿＿＿＿＿＿＿＿。

(3) いやな仕事でも、＿＿＿＿＿＿＿＿＿＿＿＿＿＿＿＿＿＿＿＿＿＿＿。

(4) 先生は学生に、＿＿＿＿＿＿＿＿＿＿＿＿＿＿＿＿＿＿に注意した。

(5) 問題が難しくても、最後まで＿＿＿＿＿＿＿＿＿＿＿＿＿＿＿＿＿。

線路わきの
やぎ

線路わきのやぎ

　私の勤めている駅にはやぎの親子がいます。この親子が線路わきの草を食べてくれるので、私たちは草刈りをする必要がありません。

　去年、子やぎが生まれた時、この駅を利用している人に名前をつけてもらおうと思い、駅の待合室に「名前募集」のポスターを出しました。たくさんの応募があり、「保夢」という名前に決まりました。それは子やぎがホームのそばで生まれたからです。そして、名前をつけてくれた人に、記念品を贈りました。

　子やぎの保夢は人気者で、みんなにかわいがってもらっています。私たち駅員が忙しい時には、近くに住んでいるおばさんがやぎの世話をしてくれます。日曜日には、朝早くから近所の子どもたちが水をやったり、小屋の掃除をしたりしてくれます。子どもたちが来ると、保夢はうれしいらしく、「メーメー」と鳴きます。

　保夢は、みんなのおかげで、どんどん大きくなっています。体つきはお父さんに似ているようですが、顔つきはお母さんに似ているかもしれません。

　もうすぐ保夢の誕生日なので、それまでに小屋を新しく作ってやるつもりです。また、やぎたちをかわいがってくれるおばさんや子どもたちのためにも何かしてあげようと思っています。

- 線路 （せん・ろ）
- わき ≒ すぐそば
- やぎ「山羊」〔動物の名前〕
- 勤める （つとめる）
- 親子 （おや・こ）
- 草刈り （くさ・かり） ＜ 草を刈る
- 利用する （り・ようする）
- 《名前を》つける
- 待合室 （まち・あい・しつ）
- ポスター　poster
- 募集 （ぼ・しゅう）
- 応募 （おう・ぼ）
- 決まる （きまる） 自 ： 決める 他
- ホーム　platform
- 記念品 （き・ねん・ひん）
   ～品　輸出品 （ゆ・しゅつ・ひん）
- 贈る （おくる）
- 人気者 （にん・き・もの）

- かわいがる ＜ かわいい
- 駅員 （えき・いん）
   ～員　委員 （い・いん）
   　　　係員 （かかり・いん）
- おばさん
- 世話 （せ・わ） をする
   cf. 世話になる
- 近所 （きん・じょ）
- 小屋 （こ・や）
- 鳴く （なく） 〔動物の場合〕
   cf. 泣く （なく） 〔人間の場合〕
- おかげ
- どんどん
- 体つき （からだつき）
- ～つき　手つき （てつき）
   　　　目つき （めつき）
- 誕生日 （たん・じょう・び）

● 動物の鳴き声

- メーメー （やぎ）
- モーモー （牛）
- チューチュー （ねずみ）

- ワンワン （犬）
- ニャーニャー （ねこ）
- ブーブー （ぶた）

01

a.　～に～をあげる / ～てあげる　(타인)에게 ~을/를 주다, ~해 주다

b.　～に～をやる / ～てやる　(타인,동식물)에게 ~을/를 주다, ~해 주다

接続 a. 나 → 타인 / 타인 → 타인
　　　(타인)に + 명사 + をあげる /(타인)に + 동사て형 + てあげる

　　b. 나 → 타인, 동・식물
　　　(타인, 동・식물)に + 명사 + をやる /(타인, 동・식물)に + 동사て형 + てやる

---

a.　◆ 私は母にセーターをあげました。

　　◆ 私は母にセーターを買ってあげました。

　　◆ 私はキムさんにCDをあげた。

　　　　(私) ―――――→ (他人)

b.　◆ 私は弟にボールペンをやりました。

　　◆ 私は犬にえさをやりました。

　　◆ 私は弟にボールを買ってやりました。

　　◆ 私は弟におもちゃをなおしてやった。

　　　　(私) ―――――→ (他人・動物)

02

～に(/から)～をもらう　(다른 사람)에게서 ~을/를 받다

～てもらう　(다른 사람이) ~해 주다

接続 타인 → 나 / 타인 → 타인
　　(타인)に(/から) + 명사をもらう /(타인)に(/から) + 동사의 て형 + もらう

　　◆ 私は母に(/から)セーターをもらいました。

　　◆ 私は母に(/から)スカートを買ってもらいました。

　　　　(私) ←――――― (他人)

～に～をくれる (타인이 나)에게 ~을/를 주다
～てくれる (타인이) ~해 주다

접속 타인 → 나 / 내가 속한 그룹
　　(나/ 내가 속한 그룹)に + 명사 + をくれる
　　(나/ 내가 속한 그룹)に + 동사 て형 + てくれる

◆ 母は私にセーターをくれました。
◆ 母は私にセーターを買ってくれました。
◆ キムさんは私の妹に英語を教えてくれた。
◆ 鈴木さんは私にピアノを買ってくれた。
　　(他人) ——————→ (私)

～のために ~을/를 위해

접속 명사 + のために

◆ 5時から留学生のためにパーティーをする。
◆ 子どもたちのためにおいしい料理を作る。
◆ きれいな体のためにダイエットをしています。
◆ 論文のための資料を集めています。

cf. このおもちゃは子どものためになる。

～おかげで ~덕분에, ~도움으로

접속 보통형(な형용사의 어간 な・명사の) + おかげで

◆ 先生のおかげで、日本語がわかるようになった。
◆ この薬のおかげで、かぜがなおった。
◆ 彼が今朝電話してくれたおかげで、遅刻しなかった。

cf. 電車が遅れたせいで、授業に間に合わなかった。

朝寝坊したせいで、遅刻しました。

06 ～らしい ~인 것 같다, ~인 모양이다

접속 보통형(な형용사의 어간・명사) + らしい

◆ ジョンさんらしい人を駅で見かけた。

◆ だれか来たらしいです。玄関のチャイムがなっていますよ。

cf. フィリピンで地震があったらしい。

キムさんの話によると、木村さんは来週結婚するらしいです。

気象庁によると、今年は雨が多いらしいです。

➡ Lesson 16 04

07 ～までに / ～まで ~까지

접속 명사・동사 사전형 + までに／まで

◆ 午前10時までに大学へ来てください。

◆ 8時までに会社に電話してください。

cf. 雨がやむまで、ここで待っていましょう。

8時まで会社にいます。

01 本文と同じ内容のものに○、違うものに×をつけてください。

(1) (　　　　) 子やぎが駅を利用している人たちに名前をつけてもらった。

(2) (　　　　) 子やぎに名前をつけてくれた人に記念品をあげた。

(3) (　　　　) 近所のおばさんは子どもたちに小屋の掃除をしてもらう。

(4) (　　　　) 近くに住んでいるおばさんは、毎日やぎの世話をしてくれる。

02 本文を読んで、次の質問に答えなさい。

(1) 駅の人たちはどうして子やぎの「名前募集」のポスターを出したのですか。

(2) どうして子やぎに「保夢(ホーム)」という名前をつけたのですか。

(3) 保夢(ホーム)はみんなからどんなことをしてもらっていますか。

(4) 駅の人たちは保夢(ホーム)の誕生日にどんなことをしてやりますか。

03 ______ に適当な言葉を書きなさい。

(1) 子どもは私のために絵をかきました。

　　私は子どもの__________絵を壁にかけました。

(2) 林さんは山田さんのためにバラの写真を写しました。

　　山田さんは林さんに______________________バラの写真を大切にしています。

(3) 私は子どもたちのためにおいしい料理を作りました。

　　子どもたちは私の______________________料理をおいしそうに食べました。

(4) 私は小林さんに荷物を持ってもらいました。

　　小林さんは私______________________________。

(5) 山田さんは鈴木さんに家まで送ってもらいました。

　　鈴木さんは山田さん__________________________________。

04 次の文を完成しなさい。

(1) テレビでいい映画が見られるので、__________________必要がありません。

(2) 毎日運動をしているおかげで、__________________なりました。

(3) 林さんはいつも__________くれるので、今度は__________と思います。

(4) 少し熱があるのです。__________________らしいです。

1st Step

01 次のひらがなを漢字にしなさい。

(1) えいが（　　　）はごらく（　　　）の一つだ。

(2) なやみ（　　　）が多くて、生活がくるっている。（　　　　）

(3) 日本人のしょとく（　　　）の変化をとうけい（　　　）で調べる。

(4) ろうどう（　　　）時間に比べて、ちんぎん（　　　）が安い。

(5) 生産こうりつ（　　　）は会社にはってん（　　　）に大きな

えいきょう（　　　）をあたえる。（　　　）

02 次の漢字の正しい読み方に、○をつけなさい。

(1) 給与　〔きゅうよう・きゅよ・きゅうよ・きゅよう〕

(2) 協力　〔きょうりき・きょうりょく・きょりき・きょりょく〕

(3) 途上　〔とうじょう・とじょう・ずじょう・よじょう〕

(4) 情報　〔じょうほう・じょうぽう・じょほう・じょうほ〕

(5) 将来　〔せいらい・しょうらい・しょらい・じょうらい〕

03 次の言葉の反対の意味の言葉を漢字で書きなさい。

(1) ひまな　↔　（　　　　　）　　(2) 異常な　↔　（　　　　　）

(3) 豊かな　↔　（　　　　　）　　(4) 寝る　↔　（　　　　　）

(5) 生産する　↔　（　　　　　）　　(6) 増える　↔　（　　　　　）

04 次の（　　）の中から適当な言葉を選びなさい。

(1) 子やぎは（どんどん・とんとん・どしどし）大きくなっている。

(2) テレビは昔より（じっと・ざっと・ずっと）安くなった。

(3) 漫才は（もっと・もともと・もっとも）お祝いの席の演芸だった。

(4) 眠ろうと思うと、（まずまず・ますます・まだまだ）眠れなくなる。

(5) 日本語が（なんでも・なんとか・なかなか）上手にならない。

05 次の（　　　）の中から適当な言葉を選びなさい。

(1) 漫才は日常生活を話に（取り上げる・取り出す・取り持つ）。

(2) 弟は寝つきが（へただ・悪い・まずい）。

(3) 雪で事故の心配が（ある・する・起こる）。

(4) 犬に名前を（あげる・つきる・つける）。

(5) 鳥の世話を（あたえる・なる・する）。

2nd Step

01 次の＿＿に適当なひらがなを入れなさい。

(1) 先生は子どもたち＿＿けが＿＿注意する＿＿ ＿＿ ＿＿言った。

(2) きのう＿＿寒かった＿＿ ＿＿、家にいた。

(3) この川はきたない＿＿ ＿＿、泳がないでください。

(4) 何回も注意した＿＿ ＿＿、聞かなかった。

(5) クジラはゾウ＿＿ ＿＿ ＿＿ずっと大きい。

(6) アフリカに一度＿＿行きたいと思っている。

(7) A：中国＿＿インド＿＿ ＿＿は、＿＿ ＿＿ ＿＿が人口が多いですか。

　　B：中国＿＿ ＿＿ ＿＿がインド＿＿ ＿＿人口が多いです。

　　C：そうですね。インド＿＿中国＿＿ ＿＿人口が多くないです。

(8) 若いころ、よくお酒を飲んだ＿＿ ＿＿だ。

(9) 何回本を読＿＿ ＿＿ ＿＿、わからない。

(10) パソコンの＿＿ ＿＿ ＿＿で、きれいな書類が作れる。

02 次の文をだいたい同じ意味になるように、書き換えなさい。

(1) 林さんはいつも本を読んでいます。

→ ＿＿＿＿＿＿＿＿＿＿＿＿＿＿ ばかり ＿＿＿＿＿＿＿＿＿＿＿＿＿＿。

(2) お母さんは弟のかばんを持ってやりました。

→ 弟は＿＿＿＿＿＿＿＿＿＿＿＿＿＿＿＿＿。

(3) 熱があったので、あまり勉強できませんでした。

→ 勉強できなかったのは、＿＿＿＿＿＿＿＿＿＿＿＿＿＿＿。

(4) お母さんは子どもたちに「早くおふろに入りなさい。」と言いました。

→ お母さんは子どもたちに＿＿＿＿＿＿＿＿に言いました。

(5) 私たちの生活が便利になるには、技術の進歩が必要です。

→ 技術が＿＿＿＿＿＿＿＿ば、＿＿＿＿＿＿＿＿＿＿＿＿＿。

03 二つの文を一つにしなさい。

1) 予習をしなかった。学校へ行った。　　　　　　〔〜ずに、〕

→ ＿＿＿＿＿＿＿＿＿＿＿＿＿＿＿＿＿＿＿＿＿＿。

(2) 山川さんはパソコンが使える。中国語も話せる。　〔〜し、〕

→ ＿＿＿＿＿＿＿＿＿＿＿＿＿＿＿＿＿＿＿＿＿＿。

(3) この道をまっすぐ行く。駅前に出る。　　　　　　〔〜と、〕

→ ＿＿＿＿＿＿＿＿＿＿＿＿＿＿＿＿＿＿＿＿＿＿。

(1) チョコレートのようなあまいものが好きだ。

    ⓐ コウさんは日本語が話せるようになった。

    ⓑ 授業はまだ始まっていないようだ。

    ⓒ 山田さんはゾウのように力が強い。

    ⓓ 東京のような都会は物の値段が高い。

(2) 足にけがをしたために、歩けなかった。

    ⓐ みんなのために、がんばってください。

    ⓑ 旅行のために、お金をためている。

    ⓒ 交通事故のために、遅れてしまった。

    ⓓ 京都へ行くために、高速バスの席を予約した。

(3) 時間がないから、急ぎましょう。

    ⓐ チーズは牛乳から作る。

    ⓑ 話し方から、あの人の出身地がわかる。

    ⓒ つかれたから、少し休みたい。

    ⓓ 新聞を読んでから、仕事をする。

3rd Step

01 次の会話を完成しなさい。

(1) A：いいパソコンですね。だれに買って__________のですか。

    B：父が買って__________のです。

    父の日には、私が何か買って__________と思っています。

(2) A：今までにアメリカへ＿＿＿＿＿＿＿＿＿＿＿ありますか。

    B：いいえ、一度も＿＿＿＿＿＿＿＿＿＿＿＿＿＿。

      去年、＿＿＿＿＿＿＿＿としたのですが、忙しくて行けませんでした。

(3) A：テレビがほしいんですが。

      この店では、＿＿＿＿＿＿テレビが一番＿＿＿＿＿＿＿ですか。

    B：これが一番いいですが、高いですよ。

    A：少し高くても＿＿＿＿ませんが、あまり高＿＿＿、買いませんよ。

(4) A：顔色が悪いですよ。どうしたんですか。

    B：ちょっと気分が悪いんです。

    A：薬を＿＿＿＿＿ほうがいいですよ。

    B：薬を＿＿＿＿＿も、きかないんです。

    A：医者にみて＿＿＿＿＿＿ば、よくなりませんよ。

4th Step

01 次の漢字の意味を調べなさい。

(1) 【無〜】のつく言葉

    無関係・無事故・無責任（むせきにん）・無意味・無関心（むかんしん）・無意識（むいしき）

(2) 【未〜】のつく言葉

    未来・未定・未開発・未完成・未婚（みこん）・未知・未発展・未経験

(3) 【不〜】のつく言葉

    不便・不安・不自由・不注意・不自然・不可能（ふかのう）・不熱心

(4) 【非〜】のつく言葉

    非常・非常識（ひじょうしき）・非協力・非合法（ひごうほう）

(5) 【予〜】のつく言葉

予防・予報・予定・予習・予知・予想・予約

(6) 【異〜】のつく言葉

異状・異常・異国・異動・異質・異例・異文化

(7) 【交〜】のつく言葉

交通・交差点・交信・交流・交渉・交換

(8) 【〜業】のつく言葉

産業・農業・工業・商業・漁業・失業・営業・職業

(9) 【〜化】のつく言葉

変化・文化・進化・悪化・自由化・機械化・近代化

(10) 【〜的】のつく言葉

進歩的・科学的・代表的・現実的・理想的・創造的・伝統的

02 次の質問に答えなさい。

(1) あなたの国では、クリスマスや正月や誕生日にはどんなものをあげたり、
もらったりしますか。

(2) 外国へ行く時には、どんなことに注意しなければなりませんか。
また、それはどうしてですか。

宮沢賢治

宮沢賢治

　宮沢賢治は明治29年(1896)に岩手県花巻町に生まれた詩人、童話作家です。盛岡中学を卒業する時に、賢治は「上の学校に進学させてください。」と頼みましたが、祖父の強い反対で家の仕事をすることになりました。しかし、元気をなくした賢治のことを心配した母親の力で翌年やっと盛岡高等農林学校に進むことができました。その後、大正10年(1921)に花巻農学校の教師になりました。学校では化学や地学を教えながら、学生たちに自分の作った劇を練習させたり自分の詩や童話を聞かせたりすることもありました。あまり先生らしくない先生で、誤解を受けたこともありましたが、家庭ではいつもおもしろい話をして、母親や妹を笑わせました。

　賢治は大正13年(1924)に詩集と童話集を1冊ずつ出しました。田舎の無名の詩人の出したこの本は文学界の人々を驚かせましたが、ほとんど売れませんでした。大正15年(1926)には教師をやめ、農民とともに生きようとしました。しかし、彼は農民にもあまり理解してもらえませんでした。

　賢治は昭和8年(1933)に37歳の若さで亡くなりましたが、独創的で幻想的な彼の作品は彼の死後、多くの人々を感動させ、映画にもなりました。

- ☐ 詩（し）
  - ～人（じん）　歌人（か・じん）
  - ～集（しゅう）　歌集（か・しゅう）
- ☐ 童話（どう・わ）
- ☐ 作家（さっ・か）
- ☐ 卒業する（そつ・ぎょうする）
- ☐ 進学する（しん・がくする）
- ☐ 祖父（そ・ふ）↔ 祖母（そ・ぼ）
- ☐ 反対（はん・たい）↔ 賛成（さん・せい）
- ☐ 翌年（よく・とし）≒ 次の年
- ☐ やっと
- ☐ その後（ご）
- ☐ 教師（きょう・し）
- ☐ 化学（か・がく）　cf. 科学（か・がく）
- ☐ 地学（ち・がく）
- ☐ 劇（げき）
- ☐ 誤解（ご・かい）

- ☐ 受ける（うける）
- ☐ ～冊（さつ）➡ 表1
- ☐ 田舎（いなか）↔ 都会（と・かい）
- ☐ 無名（む・めい）の ↔ 有名な（ゆう・めいな）
- ☐ 文学（ぶん・がく）
  - ～界（かい）≒ 政界（せい・かい）
- ☐ 驚く（おどろく）≒ びっくりする
- ☐ 売れる（うれる）自：売る 他
- ☐ ともに ≒ いっしょに
- ☐ 農民（のう・みん）
- ☐ 若さ（わかさ）< 若い
- ☐ 独創的な（どく・そう・てきな）
- ☐ 幻想的な（げん・そう・てきな）
- ☐ 作品（さく・ひん）
- ☐ 死後（し・ご）↔ 生前（せい・ぜん）
- ☐ 感動する（かん・どうする）

● 地名

- ☐ 岩手県（いわ・て・けん）
- ☐ 盛岡市（もり・おか・し）
- ☐ 花巻（はな・まき）町《現在の花巻市》

● 学校名

- ☐ 盛岡中学校（もり・おか・ちゅう・がく）　《現在の盛岡第一高等学校》
- ☐ 盛岡高等農林学校（もり・おか・こう・とう・のう・りん・がっ・こう）《現在の岩手大学農学部》
- ☐ 花巻農学校（はな・まき・のう・がっ・こう）　《現在の花巻農業高等学校》

☆ 宮沢賢治の代表作品
童話：『銀河鉄道の夜』『風の又三郎』
詩集：『春と修羅』
手帳：『雨ニモマケズ』

宮沢賢治
(1896〜1933)

01

a. 〜に 〜を 〜 他動詞(さ)せる
b. 〜を 〜 自動詞(さ)せる

~에게 ~을 시키다

접속 인칭명사に + 명사を + 他動詞(さ)せる
인칭명사を + 自動詞(さ)せる

---

a. **他動詞**

◆ 子どもがご飯を食べる。　⇨　母親は子どもにご飯を食べさせる。
◆ 学生が本を読む。　⇨　先生は学生に本を読ませる。

cf. する　⇨　させる

b. **自動詞**

◆ 子どもが笑う。　⇨　母親は子どもを笑わせる。
◆ 学生が行く。　⇨　先生は学生を(/に)行かせる。

cf. 来る　⇨　来させる

02

〜(さ)せてください　~하게 해 주세요

〜(さ)せてもらいたい・〜(さ)せていただきたい
~하고 싶습니다, ~하겠습니다

접속 사역동사의 て형 + 〜ください・〜もらいたい・〜いただきたい

◆私をアメリカへ行かせてください。
◆私にその仕事をさせてください。
◆熱があるので、早退させてください。
◆ぜひ東京へ行かせてください。
◆あした、休ませてもらいたいのですが。
◆あした、休ませていただきたいのですが。
◆あしたは用事があって休ませていただきたいんですが…。
◆ちょっと通させてもらいたいんですが…。

➡ Lesson 20 **04**

〜ことになる　~하게 되다
〜ことにする　~하기로 하다

接続 동사의 기본형・동사의 ない형 + ことになる / ことにする

- 四月から日本の会社で働くことになった。
- 夏休みにみんなで北海道へ行くことになった。
- 出張で大阪へ行くことになりました。
- きょうからたばこをやめることにした。
- 12時前に寝ることにしている。
- 体のために毎朝ミルクを飲むことにしています。

04

〜らしい　~답다

接続 명사 + らしい

- ジョンさんはたいへん男らしい人だ。
- きょうは春らしい、気持ちのいい日だ。
- 本らしい本が読みたいです。
- この頃の女性はあまり女らしくないと思います。

  ➡ Lesson 15 06

やっと　겨우, 간신히, 가까스로, 빠듯하게

- ◆ 友だちは1時間も遅れて、やっと来た。
- ◆ 何回も失敗して、やっと実験に成功した。
- ◆ 長い間並んでやっと切符を手に入れた。

01 次の説明にあてはまる言葉を漢字で書きなさい。

(1) 上の学校へ行くこと　　　（　　　　　　　　）

(2) 有名ではないこと　　　　（　　　　　　　　）

(3) 間違って理解すること　　（　　　　　　　　）

02 宮沢賢治について、本文の内容と違うところを直しなさい。

(1) 岩手県生まれの映画作家。　　　　　（　　　　　　　　　　　　　　）

(2) 大正15年に教師になった。　　　　（　　　　　　　　　　　　　　）

(3) 農学校で文学を教えた。　　　　　（　　　　　　　　　　　　　　）

(4) 学生と劇を見に行った。　　　　　（　　　　　　　　　　　　　　）

(5) 童話の本が売れたので教師をやめた。（　　　　　　　　　　　　　　）

03 本文を読んで、次の＿＿＿＿に適当な言葉を書きなさい。

(1) 母親と妹は賢治の話を聞いて、＿＿＿＿＿＿＿＿＿＿＿＿＿＿＿＿＿＿＿。

(2) 祖父は賢治を＿＿＿＿＿＿＿＿＿＿＿＿＿＿＿＿＿＿＿なかった。

04 二つの文が同じ意味になるように________に言葉を書きなさい。

(1) 母親は子どもに学校へ行くように言った。

母親は子どもを学校へ________________________。

(2) その自転車を使いたいと頼んだ。

「その自転車________________ください。」と言った。

(3) 私は友だちの作ったケーキを食べた。

友だちがケーキを作って、私________________くれた。

05 例のように書きなさい。

> **例** 電気を つけよう としたが、つかなかった。

(1) 部屋に____________としたが、入れなかった。

(2) ドアを____________としたが、あかなかった。

(3) 道を____________としたが、教えてくれなかった。

オランウータン

オランウータン

　マレーシアのセピロックにあるオランウータンのリハビリ・センターでは、親のいないオランウータンの子どもたちに、木の登り方や食べ物の取り方などを教えて、森にもどす訓練をしています。

　オランウータンは今ではマレーシアやインドネシアにしかいない大型類人猿で、絶滅が心配されている野生動物です。熱帯雨林の木の上に住み、果物や木の葉や昆虫などを食べて生活しています。その子どもは5歳ぐらいまで母親といっしょに暮らし、母親から森で生きていくための知恵を教えてもらうのです。

　しかし、最近では熱帯雨林が切り開かれて畑になったり、たくさんの木が切りたおされたりして、オランウータンの住む環境は破壊されてきています。このように森が荒らされると、母親のオランウータンは子どもを育てることをあきらめてしまいます。また子どものオランウータンをねらう密猟者に見つけられると、母親のオランウータンは殺され、子どもは外国へペットとして売られてしまうこともあります。

　こうして親に捨てられたり、人間に育てられて野生の生活を忘れてしまったオランウータンを救うために、マレーシアの政府によって、熱帯雨林の中に特別保護区が作られ、リハビリ・センターが建てられたのです。

- オランウータン
  orang-utan 〔動物名〕
  マレー語「森の人」の意味
- リハビリ ＝ リハビリテーション
  rehabilitation
- センター　center
- 登る（のぼる）
- ～方（かた）　　登り方
  　　　　　　　　書き方
- 森（もり）
- もどす 他 ： もどる 自
- 訓練（くん・れん）
- 大型（おお・がた）↔ 小型（こ・がた）
- 類人猿（るい・じん・えん）
  〔人に似た猿（さる）〕
- 絶滅（ぜつ・めつ）
- 野生（や・せい）
- 熱帯雨林（ねっ・たい・う・りん）
- 果物（くだ・もの）
- 木の葉（このは）
- 昆虫（こん・ちゅう）

- 暮らす（くらす）
- 知恵（ち・え）
- 教える（おしえる）
  ↔ 教わる（おそわる）≒ 習う（ならう）
- 切り開く（きりひらく）⇨ 開発する
- 畑（はたけ）
- 切りたおす（きりたおす）
- 環境（かん・きょう）
- 破壊する（は・かいする）
- 荒らす（あらす） 他 ： 荒れる 自
- 育てる（そだてる） 他 ： 育つ（そだつ） 自
- あきらめる
- 密猟者（みつ・りょう・しゃ）
- 殺す（ころす）
- ペット pet
- 捨てる（すてる）
- 政府（せい・ふ）
- 特別（とく・べつ）
- 保護（ほ・ご）
  　～区（く）
- 建てる（たてる） 他 ： 建つ 自

● 地名・国名

- マレーシア
- セピロック（マレーシアのサバ州）
- インドネシア

01

a. A は B に～(ら)れる　　A는 B에게 ~(를) 당하다 〈기본 수동형〉

b. (A は) B に～(ら)れる　　(A는) B에 의해 ~되다/지다 〈객관적 설명〉

a. ◆ 田中さんが中野さんを呼んだ。⇨ 中野さんは田中さんに呼ばれた。

  ◆ 先生が林さんをほめた。⇨ 林さんは先生に(/から)ほめられた。

    cf. どろぼうが私の財布(さいふ)をぬすんだ。

     ⇨ 私はどろぼうに財布をぬすまれた。

     犬が田中さんの手をかんだ。

     ⇨ 田中さんは犬に手をかまれた。

b. ◆ 若い人たちがマンガの本をよく読んでいる。

   ⇨ マンガの本は若い人たちによく読まれている。

  ◆ (学校は)3月に入学試験を行(おこな)う。⇨ 3月に入学試験が行われる。

독특한 수동문

◆ 私は昨日友だちに来(こ)られて勉強できませんでした。

◆ 幼(おさな)いとき両親(りょうしん)に死(そ)なれて、私は祖母(そぼ)に育(そだ)てられました。

◆ 子どもが泣いて、私は寝られなかった。

  ⇨ 子どもに泣かれて、私は寝られなかった。

◆ 家へ帰る途中(とちゅう)、雨が降った。(私は困(こま)った)

  ⇨ 家へ 帰る途中、私は雨に降られた。

〜に(よって)〜(ら)れる ~에 의해 ~되다

接続 사물은 + 사람(단체)に(よって) + 타동사(ら)れる

◆ モーツァルトがこの美しい曲を作曲した。

  ⇨ この美しい曲はモーツァルトによって作曲された。

◆ 政府がリハビリセンターを作った。

  ⇨ リハビリセンターは政府によって作られた。

◆ 人々は東京は物価が高いと言っています。

  ⇨ 東京は物価が高いと(人々によって)言われています。

〜として ~자격으로, ~로서

接続 명사 + として

◆ タノムさんは留学生として日本に来た。

◆ オランウータンの子どもはペットとして売られている。

◆ 会社では営業社員として勤めている。

01 左の言葉の意味の説明で、適当なものを線で結びなさい。

(1) 訓練　　　・　　　　　・　のぞんでいることを途中でやめてしまう

(2) 絶滅　　　・　　　　　・　そのもののまわりの世界

(3) 破壊　　　・　　　　　・　技術が身につくまで何度も練習させる

(4) 環境　　　・　　　　　・　まったくなくなってしまう

(5) あきらめる　・　　　　　・　完全にこわしてしまう

02 本文と同じ内容のものに○、違うものに✕をつけなさい。

(1) (　　　) オランウータンの子どもはみなリハビリ・センターで訓練を受ける。

(2) (　　　) オランウータンは果物や木の葉や昆虫を食べる。

(3) (　　　) オランウータンの母親は、生活環境が悪くなると、子どもを殺す。

(4) (　　　) 密猟者は、子どものオランウータンをねらってリハビリ・センターに来る。

03 次の文を例のように書き換えなさい。

> 例　田中さんが中野さんを呼んだ。〔中野さん〕
>
> 　⇨　中野さんは田中さんに呼ばれた。

(1) 密猟者が野生動物を殺した。〔野生動物〕

　　→ ____。

(2) 電車の中でだれかが私の足をふんだ。〔私〕

　　→ ____。

(3) コロンブスがアメリカ大陸を発見した。〔アメリカ大陸〕

→ ____。

(4) ビジネスマンがこの新聞をよく読んでいる。〔この新聞〕

→ ____。

(5) ゆうべ友達が来た。私は宿題ができなかった。〔私〕

→ ____。

04 ＿＿に、適当なひらがなを入れなさい。

(1) オランウータンは熱帯雨林に＿＿ ＿＿ 住んでいない。

(2) 熱帯雨林＿＿リハビリ・センター＿＿建てる。

(3) たくさんの木＿＿切りたおして、畑＿＿する。

(4) マリアさんは留学生＿＿ ＿＿ ＿＿日本に来た。

05 本文を読んで、オランウータンのリハビリ・センターが必要な理由を書きなさい。

温泉

温泉

　日本人の風呂好きは有名だ。たいてい自分の家に泊まり客が来たら、まず「お風呂にでも入りませんか。」と勧める。外国人は自分が汚いと思われたのか、と気分を悪くすることがあるが、これは遠来の客に疲れをとってもらおうという心遣いからである。

　風呂といえば、温泉が思い浮かぶ。日本には2000か所あまりの温泉があるという。昔から温泉はいろいろな病気に効果があるといわれ、親しまれてきたが、このごろはスパ・リゾートと呼ばれる保養施設としての開発も進んでいる。滝風呂、薬草風呂などと工夫をしたり、アスレチック施設や娯楽施設を作ったりしている。夏ならテニスやゴルフ、冬ならスキーができるところもある。

　こうした温泉がテレビや雑誌でも紹介されるようになり、「お金と暇があれば、温泉へ…。」と言う若い女性も増えてきた。そのため行楽シーズンには人気のあるところは早くから予約しておかないと、泊まれない。

　風呂は「裸のつきあい」と言われ、以前は大切な社交の場の役割を果たしてきた。それが今では、職場での厳しい競争の中で、ストレスと戦う現代人が心身をリラックスさせ、リフレッシュするための場になろうとしている。

- 温泉（おん・せん）
- 風呂好き（ふ・ろ・ずき）
  - ～好き　スポーツ好き
  - 車好き（くるま・ずき）
- 泊まり客（とまりきゃく）
  - ⇨ 泊まる（とまる）
- 勧める（すすめる）
- 汚い（きたない）↔ きれいな
- 気分（き・ぶん）≒ 気持ち（き・もち）
- 遠来（えん・らい）
- 疲れ（つかれ）< 疲れる
  - 疲れをとる
- 心遣い（こころ・づかい）
- ～といえば
- 思い浮かぶ（おもいうかぶ）
- ～か所（しょ）
- ～あまり
- 親しむ（したしむ）< 親しい
- このごろ ≒ 最近（さい・きん）
  - 近頃（ちか・ごろ）
- スパ・リゾート　spa resort
- 保養施設（ほ・よう・し・せつ）
- 滝風呂（たき・ぶ・ろ）
  - 薬草～（やく・そう）

- 工夫（く・ふう）
- アスレチック　athletic
- テニス　tennis
- ゴルフ　golf
- 暇（ひま）
- 女性（じょ・せい）↔ 男性（だん・せい）
- 行楽（こう・らく）
- シーズン　season
- 予約する（よ・やくする）
- 裸（はだか）
- つきあい　< つきあう
- 社交（しゃ・こう）
- 場（ば）≒ 場所（ば・しょ）
- 役割（やく・わり）
- 果たす（はたす）
- 職場（しょく・ば）
- 厳しい（きびしい）
- 競争（きょう・そう）
- ストレス　stress
- 現代人（げん・だい・じん）
- 心身（しん・しん）
- リラックス　relax
- リフレッシュ　refresh

01 〜たら ~(하)면

접속 동사의 た형 + ら / い형용사의 어간 + かったら /
な형용사의 어간 + だったら / 명사 + だったら

◆ 泊まり客が来たら、お風呂に入るように言う。
◆ 勉強したら、成績が上がる。
◆ 山田さんに会ったらよろしく伝えてください。
◆ エアコンが安かったら、買います。
◆ 暇だったら遊びに来てください。
◆ あした雨だったらどうしましょうか。

02 〜なら ~라면

접속 보통형 (な형용사 어간·명사) + なら

◆ 車なら、スポーツカーがいいです。
◆ あなたの家へ行くには地下鉄なら、どの駅が便利ですか。
◆ アメリカへ行くなら、英語を勉強してください。〔行く前〕
◆ アメリカへ行ったら、英語を勉強してください。〔行った後〕
◆ A：明日はちょっと忙しいんですが。
　B：忙しいなら、来なくてもいいです。
◆ A：来週からは暇です。
　B：暇なら、旅行にでも行きませんか。
◆ A：風邪を引いてしまって。
　B：風邪なら早く帰って休んだ方がいいですよ。

03 (もし) 〜ば　만일 ~(하)면

접속 동사의 가정형 / い형용사의 어간 + ければ /
な형용사의 어간 + なら(ば) / 명사 + なら(ば)

- (もし)お金があれば、家を買いたい。
- (もし)仕事が忙しくなければ、コンサートに行くつもりだ。
- あなたが行けば私も行くつもりです。
- あと1,000円あれば、このスカートが買えるのに。
  ➡ Lesson 14 05

04 〜ませんか　~(하)지 않겠습니까?

접속 동사의 ます형 + ませんか

- 来週の日曜日に映画を見に行きませんか。
- いっしょに昼ご飯を食べませんか。
- あの椅子に座りませんか。

05 〜でも　~(이)라도

접속 명사(+조사) + でも

- コーヒーでも飲みませんか。
- 山田さんの誕生日にネクタイでも贈るつもりです。
- よかったら、そばでも食べませんか。
- この秋は、山にでも登りたい。

〜といえば ~라고 하면, ~에 대해 말하자면

접속 명사 + といえば

◆ A：温泉に入ると、気持ちがいいですよ。
　 B：温泉といえば、いろいろな病気に効果があるそうですね。

◆ A：きのう田中さんに会いました。
　 B：田中さんといえば、もう病気はなおったのですか。
　 A：はい、もうだいじょうぶだそうです。

◆ A：この辺に新しいアパートができましたね。
　 B：アパートといえば鈴木さんが先週引っ越したそうですね。

〜ないと ~(하)지 않으면

접속 [동사・형용사의 ない형] + ないと

◆ この本は難しいので、よく読まないと、わからない。
◆ 勉強しないと、成績が下がる。
◆ お金がないと、何も買えません。

01 左の言語の意味の説明で、適当な物を線で結びなさい。

(1) 保養　・　　　　　　　　・　何かをして出たよい結果

(2) 行楽　・　　　　　　　　・　仕事をはなれて、心身を休めること

(3) 効果　・　　　　　　　　・　おたがいに争（あらそ）うこと

(4) 競争　・　　　　　　　　・　観光地（かんこうち）などへ楽しむために出かけること

02 本文を読んで、次の質問に答えなさい。

(1) 日本人が泊まり客に風呂を勧めるのは、どうしてですか。

(2) 外国人は風呂を勧められると、どうして気分を悪くすることがあるのですか。

(3) 最近では温泉はどのように変わりましたか。

(4) 温泉へ行く人たちが増えたのは、どうしてですか。

03 ＿＿に適当なひらがなを入れなさい。

(1) 日本＿＿　＿＿楽しい生活を作文＿＿書いた。

(2) 女性の＿＿　＿＿　＿＿ホテルがたくさんできた。

(3) 春休みになったら、旅行に＿＿　＿＿出かけるつもりだ。

04 「～たら・～なら・～ば」のどれかを使い、〔　〕の動詞を適当な形にして＿＿＿＿に
書きなさい。

(1) 新しいカメラを＿＿＿＿＿＿、山の写真をとるつもりだ。　　　　〔買う〕

(2) ジュースを買いに＿＿＿＿＿＿、オレンジジュースがいい。　　　〔行く〕

(3) 授業が＿＿＿＿＿、映画を見に行く。　　　　　　　　　　　　〔終わる〕

(4) ＿＿＿＿＿＿買うが、＿＿＿＿＿＿買わない。　　　　　　　〔安い〕

(5) 9時に東京駅に＿＿＿＿＿＿、9時10分の電車に間に合う。　　〔着く〕

(6) この薬を＿＿＿＿＿、すぐになおった。　　　　　　　　　　　〔飲む〕

(7) 早く＿＿＿＿＿＿、授業に遅れてしまう。　　　　　　　　　　〔起きる〕

05 次の文を完成しなさい。

(1) 父はいつも忙しいが、ときどき＿＿＿＿＿＿＿＿＿＿＿＿＿＿こともある。

(2) 映画といえば、＿＿＿＿＿＿＿＿＿＿＿＿＿＿＿＿＿＿＿＿＿＿。

(3) 予習をしておかないと、＿＿＿＿＿＿＿＿＿＿＿＿＿＿＿＿＿＿。

酒

酒

　我々の生活の節目には、必ずといっていいほど酒が登場する。「新年会」から「忘年会」まで一年中何かと酒を飲む機会が多い。

　「つきあい酒」といって、仕事が終わったあと、遅くまで職場の人たちと酒を飲むこともある。こうした酒は、人間関係を確認する手段にもなり、「飲みに行きましょう。」と誘われると、断るわけにもいかない。飲みたくなくても、無理やり飲まされてしまうこともあるかもしれない。しかし、いっしょに酒を飲むことで、仕事のストレスを解消することもできるし、職場では見られないその人の一面を発見することもあるだろう。

　昔から「酒の席は無礼講」と言われ、酒の上のできごとは、大目に見られることが多い。しかし、いくら酒に酔っていても、他人に迷惑をかけるのは、いいことではない。特に酒を飲んで車を運転すれば、危険なことは、だれでも知っているはずだ。「飲んだら、乗るな。乗るなら、飲むな。」という標語を忘れてはなるまい。また、飲みすぎると、次の朝は頭痛がしたり、吐き気がしたりすることがある。

　酒の誘いを断ると、つきあいが悪いと思われがちだが、最近の若い人の間では、仕事と自分の生活をはっきり区別して、「つきあい酒」につきあう人が減少する傾向がある。

☐ 我々 （われ・われ） ≒ 私たち
☐ 節目 （ふし・め）
☐ 必ず （かならず）
☐ 忘年会 （ぼう・ねん・かい）
　　　　～会　新年会 （しん・ねん・かい）
　　　　　　送別会 （そう・べつ・かい）
☐ 一年中 （いち・ねん・じゅう）
　　　　～中　一晩中 （ひと・ばん・じゅう）
☐ つきあい酒 （つきあいざけ）
　　　　　つきあいがいい / 悪い
☐ 確認する （かく・にんする）
☐ 手段 （しゅ・だん）
☐ 誘う （さそう） ＞ 誘い
☐ 断る （ことわる）
☐ 無理やり （む・りやり）
☐ 解消する （かい・しょうする）
☐ 一面 （いち・めん）

☐ 無礼講 （ぶ・れい・こう）
☐ 大目 （おお・め）　大目に見る
☐ 酔う （よう）　～に酔う
☐ 他人 （た・にん）
☐ 迷惑 （めい・わく）
　　　　～をかける / ～がかかる
☐ 運転する （うん・てんする）
☐ 危険な （き・けんな）
☐ 標語 （ひょう・ご）
☐ ～てはならない ≒ ～てはいけない
☐ 頭痛 （ず・つう）
☐ 吐き気 （はきけ）
☐ 区別する （く・べつする）
☐ 減少する （げん・しょうする）
　　　　↔ 増加する （ぞう・かする）
☐ 傾向 （けい・こう）

01 ～ほど ~(할) 정도로, ~(할) 만큼

[接続] [명사・い형용사의 사전형・동사의 사전형] + ほど

◆ のどが痛くなるほど大きな声を出した。
◆ つきあいには、必ずといっていいほど酒が登場する。
◆ これほどおいしいものは食べたことがありません。
◆ きのうは泣きたいほど痛かったです。
◆ 涙が出るほどうれしかったです。

02 何かと 이것저것, 여러모로

◆ 一年中何かと酒を飲む機会が多い。
◆ コンビニエンス・ストアは何かと便利だ。
◆ 先生にはいつも何かとお世話になっています。

03 ～ましょう ~(합)시다

[接続] 동사의 ます형 + ましょう

◆ 友だちに「お酒を飲みに行きましょう。」と誘われた。
◆ あしたいっしょに映画を見に行きましょう。
◆ 思ったことをノートに書いてみましょう。

04 ～わけにはいかない ~(할) 수는 없다

[接続] 동사의 사전형 + わけにはいかない / 동사의 ない형 + ないわけにはいかない

◆ あしたは試験があるので、遊んでいるわけにはいかない。
◆ これは借りた物だから、あなたにあげるわけにはいかない。
◆ 来週テストがあるので学校を休むわけにはいかない。
◆ いくら雨が降っていても、会社に行かないわけにはいかない。

〜(さ)せられる　　마지못해 ~하다, 어쩔 수 없이 ~하다

접속 (피해자)は + (가해자)に + 대상을〜(さ)せられる

◆ お母さんが子どもにピーマンを食べさせた。
　　⇨ 子どもはお母さんにピーマンを食べさせられた。
◆ 医者がヤンさんに薬を飲ませた。⇨ ヤンさんは医者に薬を飲まされた(飲ませられた)。
◆ 母は私に部屋の片付けをさせた。⇨ 私は母に部屋の片付けをさせられた。
◆ 日曜日なのに、働かせられた。
◆ あまり飲めないのに、飲まされた。

06

〜はずだ　　당연히 ~(할) 것이다, 당연히 ~(할) 터이다

접속 명사 수식형 + はずだ

◆ 3年も勉強したのだから、漢字がかなり読めるはずだ。
◆ 小学生には、この問題はできないはずだ。
◆ 木村さんの乗った飛行機は6時に着くはずだ。
◆ 明日は創立記念日だから、休みのはずです。
◆ 来週は監査があるから、彼は忙しいはずです。
◆ さっき部屋の掃除をしたから、きれいなはずです。
◆ 毎日7時に来ますから、もうすぐ来るはずです。

07

〜まい　　~(하)지 않을 것이다 ~(하)지 않겠다

접속 동사의 사전형 + まい (단, 2,3그룹은 ない형에도 접속, 「する」는 「すまい」형태도 있음)

◆ 夕焼けがきれいだから、あしたは雨は降るまい。
◆ あの留学生は刺身は食べられまい。
◆ 試験はそれほど難しくあるまい。
◆ たばこはもう二度と吸うまい。

〜すぎる　지나치게 ~하다, 너무 ~하다

접속 동사의 ます형 + すぎる / [い형용사・な형용사의 어간] + すぎる

◆ 酒を飲みすぎると、頭が痛くなる。

◆ あまいものを食べすぎると、ふとる。

◆ 歩きすぎて足が棒のようです。

◆ このかばんは重すぎです。

◆ 隣のおばさんは親切すぎてときどき迷惑なこともあります。

〜がする　~가 나다

접속 명사 + がする

◆ かぜをひいて、頭痛がする。

◆ となりの部屋からラジオの音がする。

◆ コーヒーの匂いがします。

◆ このカレーライスはへんな味がします。

〜がちだ　~이 잦다, 잘 ~하다, ~하기 일쑤다

접속 [동사의 ます형・명사] + がち

◆ 鈴木さんは最近休みがちだ。

◆ あの人はこのごろ病気がちだ。

◆ 年をとると、いろいろなことを忘れがちになります。

01 〔 〕の意味にあてはまる適当な言葉を、______に書きなさい。

(1) 迷惑を________________　　〔まわりの人を困らせたりする〕

(2) 頭痛が________________　　〔頭が痛い〕

(3) 大目に________________　　〔少し欠点があっても、気にしない〕

(4) 傾向が________________　　〔そうなりそうな様子がある〕

02 本文と同じ内容のものに○、違うものに×をつけなさい。

(1) （　　）日本では、生活の節目によく酒を飲む機会がある。

(2) （　　）日本では、職場の人と酒を飲まなければならないことが多い。

(3) （　　）酒を飲んだ時は、何をしてもかまわない。

(4) （　　）酒を飲んで、車を運転してはいけない。

(5) （　　）最近の若い人は職場の人に酒に誘われても、あまり行かなくなった。

03 ◯から適当な言葉を選び、________に入れなさい。

(1) どんなに誘われても、きょうはつきあう________にはいかない。

(2) 父は以前よく外国へ出張した________だ。

(3) 日本へ来たのは、先端技術を研究する________だ。

(4) もう6時だから、木村さんが帰って来る________だ。

(5) 田中先生はアフリカに留学した________がある。

> もの　　　　こと　　　　わけ　　　　はず　　　　ため

04 次の文を＿＿＿＿＿の間違いを直しなさい。

(1) よく勉強したので、このごろ成績がよくなりがちだ。

(2) 吐き気をするので、薬を飲んで早く寝た。

(3) 仕事をしていると、何とか酒を飲む機会が多い。

(4) 難しい言葉が多いので、辞書を引かずに読むわけにはいかない。

05 日本人の酒の習慣とあなたの国の習慣を比較して、その違いを書きなさい。

お礼状

お礼状

拝啓

　日増しに陽春の暖かさが感じられる季節となりましたが、田中先生はいかがお過ごしでしょうか。

　三月三日に私たち留学生会の主催で開催いたしました「留学生日本語弁論大会」に、ご多忙の中、ご出席くださり、誠にありがとうこざいました。今回の大会には、ご出席になられた先生方からご好評をいただき、主催者一同たいへん喜んでおります。

　特に感動的だったのは、優勝した韓国の金真吉さんのスピーチで、北海道を旅行した時に知り合った一家とのその後の交流について紹介したものでした。異国の旅先で出会った人々の温かい真心に対する感謝を熱っぽく語っていた姿が印象的でした。参加者からは、今の気持ちを大切にして、立派な外交官になれるようにがんばってほしいと期待する声が、多く聞かれました。

　また、学長に感想をお聞きしたところ、「来年も開催してはどうか。」と、ご提案くださいました。そこで、来年は今回の経験をいかして、さらに充実した弁論大会を企画して参りたいと、決意した次第でございます。今後、一層のご指導をいただけますよう、どうぞよろしくお願い申し上げます。

敬具

新しい語句

- お礼状 （お・れい・じょう）
  - ～状 （じょう）年賀状 （ねん・が・じょう）
- 日増しに （ひ・ましに）
- 陽春 （よう・しゅん）
- 暖かさ （あたたかさ） ＜ 暖かい
- 季節 （き・せつ）
- いかが ≒ どのように
- 過ごす （すごす）[他]：過ぎる [自]
- 私 （わたくし）
- 主催 （しゅ・さい）
- 開催する （かい・さいする）
- 弁論 （べん・ろん）
- 大会 （たい・かい）
- 多忙な （た・ぼうな） ≒ たいへん忙しい
- 出席する （しゅっ・せきする）
  - ↔ 欠席する （けっ・せきする）
- 誠に （まことに）
- 好評 （こう・ひょう）
- 一同 （いち・どう）
- 喜ぶ （よろこぶ）
- 優勝する （ゆう・しょうする）
- スピーチ speech
- 一家 （いっ・か）
- 交流 （こう・りゅう）
- 異国 （い・こく）
- 旅先 （たび・さき）

- 出会う （で・あう）
- 温かい （あたたかい）
- 真心 （ま・ごころ）
- 感謝 （かん・しゃ）
- 熱っぽい （ねつっぽい）
- 語る （かたる）
- 印象的な （いん・しょう・てきな）
- 参加 （さん・か）
- 立派な （りっ・ぱな）
- 外交官 （がい・こう・かん）
- がんばる
- 期待する （き・たいする）
- 学長 （がく・ちょう）
- 感想 （かん・そう）
- 提案する （てい・あんする）
- 経験 （けい・けん）
- いかす [他]：いきる [自]
- 充実する （じゅう・じつする）
- 企画する （き・かくする）
- 参る （まいる）
- 次第 （し・だい）
- 今後 （こん・ご）
- 一層 （いっ・そう）
- 指導 （し・どう）
- 願う （ねがう）
- 申し上げる （もうしあげる）

● 手紙に関係がある言葉

- 拝啓 （はい・けい）
- 敬具 （けい・ぐ）
- 拝復 （はい・ふく）
- 前略 （ぜん・りゃく）
- 草々 （そう・そう）

● 地名・人名

- 韓国 （かん・こく）
- 金真吉 （キム・ジンギル ［人名］）

01

～でございます / ～がございます　~입니다, ~이/가 있습니다 (정중어)

접속 명사 + で(/が)ございます

- 山田です。　⇨　山田でございます。
- 駅前に銀行があります。　⇨　駅前に銀行がございます。
- 会議室はあちらです。　⇨　会議室はあちらでございます。
- 机の上にメッセージがあります。　⇨　机の上にメッセージがございます。

02

～(ら)れる / お(ご)　～になる　~십니다 (존경어)

접속 [お + 동사의 ます형・ご + 한자어] + になる
  Ⅰ그룹동사　어미「う」단 →「あ」단 + れる
  Ⅱ그룹동사　어미「る」→ られる
  Ⅲ그룹동사　する → される・くる → こられる

- 先生は出かけました。⇨　先生は出かけられました。
  　　　　　⇨　先生はお出かけになりました。
- あの映画をもう見られましたか。
- 一時間前にお帰りになりました。
- いつご卒業になりますか。　➡ 表3

03

お(ご)　～する　~ㅂ니다 (겸양어)

접속 [お + 동사의 ます형・ご+한자어] + する

- 社長に聞きました。　⇨ 社長にお聞きしました。
- 会社のために努力します。　⇨ 会社のために努力いたします。
- さらにがんばっていきます。　⇨ さらにがんばってまいります。
- 後でまたお電話します。
- そのかばん、お持ちしましょうか。
- ご紹介します。こちらは林さんです。　➡ 表3

04 くださる / いただく / さしあげる　주시다 / 받다 / 드리다

接続 명사를 + くださる / いただく / さしあげる

- ◆ プレゼントをくれる。　⇨　プレゼントをくださる。
- ◆ プレゼントをもらう。　⇨　プレゼントをいただく。
- ◆ プレゼントをあげる。　⇨　プレゼントをさしあげる。
- ◆ 先生は本をくださいました。
- ◆ 先生から本をいただきました。
- ◆ 先生にマフラーをさしあげました。

➡ Lesson 15 01 02 03

05 ～たところ、 ~(했)더니
～ているところに ~하고 있을 때

接続 동사의 た형 + ところ / 동사의 て형 + いるところに

- ◆ 先生にお電話したところ、お留守でした。
- ◆ 食べてみたところ、おいしかった。
  - cf. 勉強しているところに、友だちが来た。
  - 出かけようとしているところに、電話がかかってきた。

06 ～てはどうか ~(하)면 어떨까

接続 동사의 て형 + はどうか

- ◆ アメリカへ留学してはどうでしょうか。
- ◆ 「アメリカへ留学してはどうか。」と提案した。
- ◆ 行ってみてはどうか。
- ◆ 少し休んではどうでしょうか。

07

~てほしい
~てもらいたい　~(해) 줬으면 한다, ~(해) 주길 바란다

接続 동사의 て형 + ほしい / もらいたい

- 漢字の書き方を教えてほしい。
- 漢字の書き方を教えてもらいたい。
- あなたにぜひ来てほしい。
- もう一度話を聞いてもらいたい。

08

~よう(に)　~(하)도록

接続 [동사의 기본형・가능형] + よう(に) / [です・ます형] + よう(に)

- 立派な外交官になれるように、がんばってほしい。
- 一層のご指導をいただけますよう、よろしくお願いいたします。
- 日本語で手紙が書けるように、勉強します。

01 左の言葉の意味の説明で、適当なものを線で結びなさい。

(1) 交流　　　・	・　心の中で待ちのぞむこと
(2) 熱っぽい　・	・　必要な内容や設備が十分にある。
(3) 期待　　　・	・　何かをするための計画
(4) 充実する　・	・　一生懸命、熱心な様子
(5) 企画　　　・	・　違った国やグループの間で人が行き来すること

02 本文と同じ内容のものを選びなさい。

(1) 弁論大会に参加してくださった学長に、感謝と金真吉さんの将来をお願いした手紙。

(2) 金真吉さんが外交官になれるように、田中先生にお願いした手紙。

(3) 今年の弁論大会についてのお礼と、来年も弁論大会に参加していただきたいと、
　　学長にお願いした手紙

(4) 弁論人会に参加してくださった田中先生に、お礼とこれからの指導をお願いした手紙。

03 次の文の敬語を普通の言い方に直しなさい。

(1) ご出席になられた先生方に、喜んでいただきました。

　　→ ____。

(2) 先生にお目にかかって、お礼を申し上げようと思います。

　　→ ____。

(3) 来年も充実した弁論大会を企画して参ります。

　　→ ____。

04 次の文の＿＿＿の「～れる/～られる」はどんな意味か、説明しなさい。

(1) 日増しに陽春の暖かさが感じられる季節になりました。

(2) 会場からは金さんの将来を期待する声が多く聞かれました。

(3) 弁論大会で忘れられない思い出ができました。

(4) これは今回弁論大会にご出席になられた先生方のお名前です。

05 日本語を勉強している時にお世話になった方に、敬語を使って手紙を書いてみましょう。

拝啓
日増しに陽春の暖かさが感じられる季節となりましたが、田中先生はいかがお過ごしでしょうか。
三月三日に私たち留学生会の主催で開催いたしました「留学生日本語弁論大会」に、ご多忙の中、ご出席くださり、誠にありがとうございました。今回の大会には、ご出席になられた先生方からご好評をいただき、主催者一同

そこで、来年は　今回の経験をいかして、さらに充実した弁論大会を企画して参りたいと、決意した次第でございます。今後、一層のご指導をいただけますよう、どうぞよろしくお願い申し上げます。

敬具

三月五日

田中　修　先生

留学生会会長　王　宏

171-0014
東京都豊島区池袋二ノ六五ノ一
田中　修　先生

三月五日
東京都八王子市丹木町一ノ三六
留学生会　王　宏
172-0003

1st Step

01 _________の漢字と同じ読み方のものに、○をつけなさい。

(1) 一層　　　　〔一家・一同・一面・一番〕

(2) 現代人　　　〔詩人・他人・人気・人情〕

(3) 出席　　　　〔出口・外出・出張・出前〕

(4) 無事　　　　〔無礼・無理・無名・無事故〕

(5) 果物　　　　〔動物・荷物・品物・出版物〕

(6) 作家　　　　〔作品・作文・作曲・作成〕

02 _________にあてはまる言葉を@～@から選んで、書きなさい。

(1) 彼は田舎の生活がいやで、_________の生活にあこがれて、東京へ行った。

　　@ 都会　　　　　⑥ 城市　　　　　© 都内　　　　　@ 町内

(2) 温泉に行って、仕事のストレスを_________したいと思う。

　　@ 解放　　　　　⑥ 解散　　　　　© 解消　　　　　@ 解体

(3) 昭和30年_________のテレビの値段は、サラリーマンの平均給与より高かった。

　　@ 年代　　　　　⑥ 当時　　　　　© 時代　　　　　@ 期間

(4) 中国のパンダは_________が心配されている動物の一つだ。

　　@ 滅亡　　　　　⑥ 衰退　　　　　© 退化　　　　　@ 絶滅

(5) 賢治は_________に学生に劇の練習をさせたことがあった。

　　@ 熱心　　　　　⑥ 感心　　　　　© 夢中　　　　　@ 熱中

03 ◯ から動詞を選んで、適当な形にして＿＿＿に書きなさい。(同じものは2度使えない)

> 見る　　いく　　ある　　とる　　かける　　する　　戦う

(1) 急に休んでしまい、先生に迷惑を＿＿＿＿しまった。

(2) 温泉は病気やけがの治療に効果が＿＿＿＿といわれている。

(3) 多くのサラリーマンはストレスと＿＿＿＿ながら、仕事をしている。

(4) 酒を飲んでしたことは、まわりの人から、大目に＿＿＿＿ことが多い。

(5) 今日は早く帰って、風呂にでも入って、疲れを＿＿＿＿と思っている。

04 ◯ から動詞を選んで、適当な形にして＿＿＿に書きなさい。(同じものは2度使えない)

> あまり　　ほとんど　　やっと　　まず　　何かと　　何とか

(1) 3時間もかかって、＿＿＿＿　宿題の作文を書いた。

(2) このスーパーは小さいが、品物がいろいろあって、＿＿＿＿便利だ。

(3) 夕食の買い物なら、2000円あれば＿＿＿＿間に合うだろう。

(4) 何をするにも、＿＿＿＿健康が一番大切だ。

(5) この料理は＿＿＿＿おいしくないです。

(6) その建物の工事は＿＿＿＿終わっている。

2nd Step

01 ＿＿に、適当なひらがなを入れなさい。

(1) トムさんはいつもクラスの人＿＿笑わせてばかりいる。

(2) 一晩中子供＿＿泣かれて、私＿＿寝られなかった。

(3) コーチは毎日選手〔せんしゅ〕＿＿トレーニング＿＿させます。

(4) この寺〔てら〕は、A大学の研究者＿＿　＿＿　＿＿　＿＿発見された。

(5) こんでいる電車の中＿＿＿私＿＿＿足＿＿＿ふまれた。

(6) 遊んでばかりいる＿＿＿、成績が下がる。

(7) 宮沢賢治は37歳の若さ＿＿＿亡くなった。

(8) 兄は子どものころから病気＿＿＿ ＿＿＿で、いつも家で読書ばかりしていた。

(9) あの人は小説家＿＿＿ ＿＿＿ ＿＿＿、若者＿＿＿知られている。

(10) 頭が痛くなる＿＿＿ ＿＿＿考えたが、いい考えは浮かんでこない。

02 ＿＿＿＿＿の敬語の間違いを直しなさい。

(1) A：田中さんといえば、もう外国に<u>参られた</u>のですか。

    B：いいえ、まだ日本に<u>おられる</u>ようですよ。

    →A：＿＿＿＿＿＿＿＿＿＿　　B：＿＿＿＿＿＿＿＿＿＿。

(2) A：明日の講演会（こうえんかい）に私も<u>参加していただきたい</u>んですが…。

    B：ええ、いいですよ。ぜひ、<u>ご参加してください</u>。

    →A：＿＿＿＿＿＿＿＿＿＿　　B：＿＿＿＿＿＿＿＿＿＿。

(3) A：この本の著者（ちょしゃ）を<u>ご存じしてます</u>か。

    B：ええ、よく<u>ご存じ</u>ですよ。

    →A：＿＿＿＿＿＿＿＿＿＿　　B：＿＿＿＿＿＿＿＿＿＿。

(4) A：お父さんは、会社へ<u>お出かけしました</u>か。

    B：ええ、父はもう<u>お出かけになりました</u>。

    →A：＿＿＿＿＿＿＿＿＿＿　　B：＿＿＿＿＿＿＿＿＿＿。

(5) A：私が作ったケーキです。どうぞ遠慮（えんりょ）なく<u>いただいてください</u>。

    B：まあ、おいしそう、喜んで<u>お食べします</u>。

    →A：＿＿＿＿＿＿＿＿＿＿　　B：＿＿＿＿＿＿＿＿＿＿。

03 _____の〔　　〕の動詞を適当な形にして、書きなさい

(1) 友だちに「映画を＿＿＿＿＿＿＿＿。」と誘われた。　　　　　　　　　〔見に行く〕

(2) A：病院へ行きたいので、あしたは＿＿＿＿＿＿＿いただきたいのですが。〔休む〕

　　B：ええ、どうぞ。でも、午後の会議には出てくださいね。

(3) 最近、温泉はスパ・リゾートとして生まれ＿＿＿＿＿＿＿としている。〔変わる〕

(4) 山本教授は林さんに「2年ぐらい＿＿＿＿＿＿＿どうか。」と提案した。〔留学する〕

(5) これからもご指導＿＿＿＿＿ますよう、よろしくお願いいたします。〔いただく〕

04 次の＿＿＿＿＿の意味と同じものを選びなさい。

(1) チンさんの誕生日のパーティーには花でも持って行くつもりだ。

　ⓐ 風呂にでも入ろうと思う。

　ⓑ 最近あの人はテレビや雑誌でも紹介され、有名になった。

　ⓒ この薬は飲んでもきかない。

　ⓓ 外国人でも日本の法律を守らなくてはならない。

(2) 急に日本語で話しかけられても、すぐに返事ができない。

　ⓐ 昨夜は友だちに来られて宿題ができなかった。

　ⓑ 先生は10日まで外国に出かけられている。

　ⓒ こんなおいしい料理はなかなか食べられない。

　ⓓ 母の手紙を読むと、国のことがなつかしく感じられる。

(3) 夕焼けがきれいだから、あしたは雨は降るまい。

　ⓐ 雨が降ろうと降るまいと、予定は変えない。

　ⓑ 山田さんには、もう何も言うまいと思っている。

　ⓒ あんなばかなことは、もう二度とするまいと決意した。

　ⓓ ヤンさんは魚がきらいだから、すしなど食べたがるまい。

3rd Step

01 ______に適当な言葉を入れて、文を完成しなさい。

(1) A：最近、熱帯雨林の環境破壊が問題になっていますね。

B：ええ。熱帯雨林では、木が__________たり、森が__________たりしていますからね。

A：オランウータンなどの野生動物も__________などによって、

どんどん__________きましたね。

B：私たちも、こうした問題に__________なりませんね。

(2) A：温泉に行って来たんですって*。ずいぶん前から予約__________のでしょう。

*(～んですって＝～と聞きました)

B：ええ、行楽シーズンでしたからね。テレビや雑誌で__________いる

ところは、どこも__________たら、泊まれませんよ。

(3) A：たまにはお酒でも__________か。

B：いいですね。じゃ、Ｃさんも誘いましょうか。

A：いや、あの人はき昨夜はお酒を__________て、頭通が__________と

言っていましたよ。先輩に無理やり__________ようですよ。

B：そうですか。じゃ、今日はＣさんを__________は、やめましょう。

4th Step

01 同訓異字に気をつけましょう。

(1) あう	計算が<u>合</u>う	(2) きく	音楽を<u>聞</u>く
	先生に<u>会</u>う		薬が<u>効</u>く
(3) つくる	文を<u>作</u>る	(4) わかれる	グループに<u>分</u>かれる
	ビルを<u>造</u>る		友だちと<u>別</u>れる
(5) なおす	間違いを<u>直</u>す	(6) はやい	朝<u>早</u>く出かける
	病気を<u>治</u>す		川の流れが<u>速</u>い

(7) かた(がた) ┌ 小型自動車
　　　　　　　└ 自由形で泳ぐ

(8) あける ┌ 夜が明ける
　　　　　　└ 窓を開ける

(9) あつい ┌ 暑い夏
　　　　　　├ 熱いコーヒー
　　　　　　└ 厚い紙

(10) あらわす ┌ 姿を現す
　　　　　　　├ 喜びを顔に表す
　　　　　　　└ 本を著す

02 同音異字に気をつけましょう。

(1) きかい ┌ 工場の機械化
　　　　　　└ 留学の機会

(2) えんげい ┌ 演芸会
　　　　　　　└ 園芸農家

(3) こうじょう ┌ 工場の見学
　　　　　　　　└ 生産の向上

(4) やせい ┌ 野生動物
　　　　　　└ 野性的な人

(5) よち ┌ 地震予知
　　　　　└ 再考の余地

(6) どくそう ┌ 独創的な作品
　　　　　　　└ ピアノの独奏

(7) こうりゅう ┌ 国際交流
　　　　　　　　└ 文化の興隆

(8) かがく ┌ 科学技術
　　　　　　└ 化学工業

(9) きたい ┌ 大きい期待
　　　　　　└ 液体と気体

(10) きけん ┌ 危険な場所
　　　　　　　└ 棄権の防止

(11) かいしょう ┌ 解消した疑問
　　　　　　　　　└ 学校名の改称

(12) かんしん ┌ 感心した様子
　　　　　　　　└ 世界の関心事

(13) かんそう ┌ 映画の感想
　　　　　　　　├ 乾燥した土地
　　　　　　　　└ 歓送会

(14) きょうそう ┌ 100メートル競走
　　　　　　　　　├ 競争心が強い人
　　　　　　　　　└ 協奏曲

(15) いじょう ┌ 25歳以上の人
　　　　　　　　├ 異常気象
　　　　　　　　└ 体の異状

(16) じしん ┌ 地震発生
　　　　　　　├ 自信を持つ
　　　　　　　└ 自分自身

表1　物の数え方

	1（いち）	2（に）	3（さん）	4（し）	5（ご）	6（ろく）
	ひとつ	ふたつ	みっつ	よっつ	いつつ	むっつ
にん（人）	ひとり	ふたり	さんにん	よにん	ごにん	ろくにん
えん（円）	いち えん	に えん	さん えん	よ えん	ご えん	ろく えん
だい（台）	いち だい	に だい	さん だい	よ（ん）だい	ご だい	ろく だい
まい（枚）	いち まい	に まい	さん まい	よ（ん）まい	ご まい	ろく まい
くみ（組）	ひと くみ	ふた くみ	み くみ	よ（ん）くみ	ご くみ	ろっ くみ
へや（部屋）	ひと へや	ふた へや	み へや	よ（ん）へや	ご へや	ろく へや
とおり（通）	ひと とおり	ふた とおり	み とおり	よ（ん）とおり	ご とおり	ろく とおり
ほん（本）	いっ ぽん	に ほん	さん ぼん	よん ほん	ご ほん	ろっ ぽん
ひき（匹）	いっ ぴき	に ひき	さん びき	よん ひき	ご ひき	ろっ ぴき
はい（杯）	いっ ぱい	に はい	さん ばい	よん はい	ご はい	ろっ ぱい
かい*（階・回）	いっ かい	に かい	さん かい	よん かい	ご かい	ろっ かい
けん（軒）	いっ けん	に けん	さん けん	よん けん	ご けん	ろっ けん
こ（個）	いっ こ	に こ	さん こ	よん こ	ご こ	ろっ こ
そく（足）	いっ そく	に そく	さん ぞく	よん そく	ご そく	ろく そく
さつ（冊）	いっ さつ	に さつ	さん さつ	よん さつ	ご さつ	ろく さつ

＊かい（階）…「さん　がい」とも言う。

おととい いっさくじつ 一昨日	きのう さくじつ 昨日	きょう こんにち 今日	あした みょうにち 明日	あさって みょう ご にち 明後日
せんせんしゅう 先先週	せんしゅう 先週	こんしゅう 今週	らいしゅう 来週	さらいしゅう 再来週
せんせんげつ 先先月	せんげつ 先月	こんげつ 今月	らいげつ 来月	さらいげつ 再来月
おととし いっさくねん 一昨年	さくねん 昨年 きょねん 去年	ことし 今年	らいねん 来年	さらいねん 再来年

	7（しち）	8（はち）	9（きゅう）	10（じゅう）	
	ななつ	やっつ	ここのつ	とお	いくつ
にん（人）	しち にん	はち にん	きゅう にん	じゅう にん	なんにん
えん（円）	なな えん	はち えん	きゅう えん	じゅう えん	いくら
だい（台）	なな だい	はち だい	きゅう だい	じゅう だい	なんだい
まい（枚）	なな まい	はち まい	きゅう まい	じゅう まい	なんまい
くみ（組）	なな くみ	はち くみ	きゅう くみ	じっ（じゅっ）くみ	なんくみ
へや（部屋）	なな へや	はち へや	きゅう へや	じっ（じゅっ）へや	なんへや
とおり（通）	なな とおり	はっ とおり	きゅう とおり	じっ（じゅっ）とおり	なんとおり
ほん（本）	なな ほん	はっ ぽん	きゅう ほん	じっ（じゅっ）ぽん	なんぼん
ひき（匹）	なな ひき	はっ ぴき	きゅう ひき	じっ（じゅっ）ぴき	なんびき
はい（杯）	なな はい	はっ ぱい	きゅう はい	じっ（じゅっ）ぱい	なんばい
かい（階・回）	なな かい	はっ かい	きゅう かい	じっ（じゅっ）かい	なんかい
けん（軒）	なな けん	はっ けん	きゅう けん	じっ（じゅっ）けん	なんけん
こ（個）	なな こ	はっ こ	きゅう こ	じっ（じゅっ）こ	なんこ
そく（足）	なな そく	はっ そく	きゅう そく	じっ（じゅっ）そく	なんぞく
さつ（冊）	なな さつ	はっ さつ	きゅう さつ	じっ（じゅっ）さつ	なんさつ

月の数え方	日の数え方	曜日
1月　（いち がつ）	1日　（ついたち）	月曜日　（げつ ようび）
2月　（に がつ）	2日　（ふつか）	火曜日　（か ようび）
3月　（さん がつ）	3日　（みっか）	水曜日　（すい ようび）
4月　（し がつ）	4日　（よっか）	木曜日　（もく ようび）
5月　（ご がつ）	5日　（いつか）	金曜日　（きん ようび）
6月　（ろく がつ）	6日　（むいか）	土曜日　（ど ようび）
7月　（しち がつ）	7日　（なのか）	日曜日　（にち ようび）
8月　（はち がつ）	8日　（ようか）	何曜日　（なん ようび）
9月　（く がつ）	9日　（ここのか）	
10月　（じゅう がつ）	10日　（とおか）	
11月　（じゅういち がつ）	11日　（じゅういち にち）	
12月　（じゅうに がつ）	14日　（じゅうよっか）	
何月　（なん がつ）	19日　（じゅうく にち）	
	20日　（はつか）	
	何日　（なん にち）	

表2　動詞の活用表

	ない形	受け身形	使役形	ます形		て形	た形
Ⅰグループ	書か　ない 行か　ない	書か　れる 行か　れる	書か　せる 行か　せる	書き　ます 行き　ます	書き〜[1] 行き〜[1]	書い　て 行っ　て*	書い　た 行っ　た*
	泳が　ない	泳が　れる	泳が　せる	泳ぎ　ます	泳ぎ〜[1]	泳い　で	泳い　だ
	話さ　ない	話さ　れる	話さ　せる	話し　ます	話し〜[1]	話して	話した
	待た　ない	待た　れる	待た　せる	待ち　ます	待ち〜[1]	待って	待った
	死な　ない	死な　れる	死な　せる	死に　ます	死に〜[1]	死ん　で	死ん　だ
	呼ば　ない	呼ば　れる	呼ば　せる	呼び　ます	呼び〜[1]	呼ん　で	呼ん　だ
	読ま　ない	読ま　れる	読ま　せる	読み　ます	読み〜[1]	読ん　で	読ん　だ
	取ら　ない	取ら　れる	取ら　せる	取り　ます	取り〜[1]	取って	取った
	言わ　ない	言わ　れる	言わ　せる	言い　ます	言い〜[1]	言って	言った
Ⅱグループ	見　　ない	見　られる	見　させる	見　ます	見〜[1]	見　　て	見　　た
	食べ　ない	食べられる	食べさせる	食べ　ます	食べ〜[1]	食べ　て	食べ　た
Ⅲグループ	こ　　ない	こ　られる	こ　させる	き　ます	き〜[1]	き　て	き　た
	し　　ない	される	させる	し　ます	し〜[1]	して	した

*は、例外。〜[1] には、「〜たい」「〜ながら」や動詞（「続ける」「始める」など）が続く。

　〜[2] には、名詞や、「〜ので」「〜でしょう」などが続く。

基本形(辞書形)		条件形	命令形	意志形	可能形	例
書 く	書 く〜²	書け ば	書 け	書こ う	書け る	置く、泣く
行 く	行 く〜²	行け ば	行 け	行こ う	行け る	——
泳 ぐ	泳 ぐ〜²	泳げ ば	泳 げ	泳ご う	泳げ る	さわぐ
話 す	話 す〜²	話せ ば	話 せ	話そ う	話せ る	流す、押す
待 つ	待 つ〜²	待て ば	待 て	待と う	待て る	立つ、待つ
死 ぬ	死 ぬ〜²	死ね ば	死 ね	死の う	死ね る	——
呼 ぶ	呼 ぶ〜²	呼べ ば	呼 べ	呼ぼ う	呼べ る	飛ぶ、転ぶ
読 む	読 む〜²	読め ば	読 め	読も う	読め る	飲む、楽しむ
取 る	取 る〜²	取れ ば	取 れ	取ろ う	取れ る	乗る、帰る
言 う	言 う〜²	言え ば	言 え	言お う	言え る	買う、救う
見 る	見 る〜²	見れ ば	見 ろ	見 よう	見 られる	降りる
食べ る	食べ る〜²	食べ れば	食べ ろ	食べ よう	食べられる	進める
く る	く る〜²	く れば	こ い	こ よう	こ られる	——
す る	す る〜²	す れば	し ろ	し よう	できる	開発する、〜する

付録

表3　敬語

普通の言い方	尊敬の言い方	謙譲の言い方
する	なさる ※	いたす
いる	いらっしゃる ※	おる
行く		まいる
来る	みえる	
食べる、飲む	召し上がる	いただく
もらう	———	
あげる	———	さしあげる
くれる	くださる ※	———
知っている	ご存じだ	存じている
思う	お思いになる	存じる
聞く	お聞きになる	うかがう
たずねる(訪、尋)	おたずねになる	
見る	ご覧になる	拝見する
会う	お会いになる	お目にかかる
言う	おっしゃる ※	申す、申し上げる
寝る	お休みになる	(休む)
死ぬ	お亡くなりになる	(死ぬ)
着る	お召しになる	(着る)
その他の動詞	お〜になる 〜(ら)れる	お〜する お〜いたす
[例] 話す	お話しになる 話される	お話しする お話しいたす
[例] 教える	お教えになる 教えられる	お教えする お教えいたす

※のマス形　　なさる→なさいます　　　いらっしゃる→いらっしゃいます
　　　　　　くださる→くださいます　　おっしゃる→おっしゃいます

※　① 『日本語初歩』（国際交流基金編）の第15課までに出ているものは原則として省いた。
　　② 音読みはカタカナで、訓読みはひらがなで提示した。
　　③ 音読みの五十音順で提示したが、訓読みで提示したものも一部ある。
　　④ 固有名詞などで使われた字で省略したものが一部ある。
　　⑤ 「新しい語句」で参考までにあげたものは原則として省いた。
　　⑥ 斜体数字は本文以外。（数字は課を表す。）

※　数字は課を表す。斜体数字は本文以外。

세컨드 스텝 2nd STEP 증보판

초판발행	1995년 1월 15일
증보판 발행	2017년 1월 20일
증보판 8쇄	2025년 3월 31일

저자	石川恵子, 山本忠行, 鈴井宣行, 山岡政紀
책임편집	조은형, 김성은, 오은정, 무라야마 토시오
펴낸이	엄태상
디자인	이건화
콘텐츠 제작	김선웅, 장형진
마케팅	이승욱, 왕성석, 노원준, 조성민, 이선민
경영기획	조성근, 최성훈, 김다미, 최수진, 오희연
물류	정종진, 윤덕현, 신승진, 구윤주

펴낸곳	시사일본어사(시사북스)
주소	서울시 종로구 자하문로 300 시사빌딩
주문 및 교재 문의	1588-1582
팩스	0502-989-9592
홈페이지	www.sisabooks.com
이메일	book_japanese@sisadream.com
등록일자	1977년 12월 24일
등록번호	제 300-2014-92호

ISBN 978-89-402-9199-3 (18730)